Das Tagebuch aus dem Schloss Weckelsdorf

von Gertie Hampel- Faltis

Ein bebildertes Tagebuch inklusive Biographie,
unveröffentlichten Gedichten und Kurzgeschichten!

Herausgeberin: Beate Baron

Gertie Hampel- Faltis

Tagebuch aus dem Schloss Weckelsdorf

V tomto svazku může čtenář, čtenářka „listovat" v deníku Gertie Hampel-Faltis a intimně nahlédnout do časů nastávající matky a bytí matkou na zámku v Teplicích nad Metují, a to v němčině a v češtině.

Tímto třetím a posledním svazkem je zakončen krátký životopis s několika dosud neznámými a nezveřejněnými básněmi, jakož i dvěma krátkými povídkami.

Náhled na básnířku a zároveň na život v Sudetech v období vzrůstajícího zapojení šlechty do podnikání v průmyslu během obou světových válek doplňuje řada fotografií z rodinného archivu.

Básnířka sama již nezažila vyvlastnění své rodiny a vyhnání ze svého „českého ráje". Zemřela půl roku před koncem války na rakovinu.

Impressum

Vielen Dank an Dagmar Heeg in der Rolle als Übersetzerin und anregende Lektorin!

Mein besonderer Dank gilt Sandra Siegmeier, die sich als erste für die Gedichte und das Leben meiner Großmutter interessiert hat.

Sie vertonte einzelne Gedichte und komponierte wunderschöne Melodien!

Bibliografische Information der Deutschen Nationalbibliothek: Die Deutsche Nationalbibliothek verzeichnet diese Publikation in der Deutschen Nationalbibliografie; detaillierte bibliografische Daten sind im Internet über http://dnb.dnb.de abrufbar.

© 2022 Gertie Faltis & Beate Baron

Die Fotografien stammen aus dem Privatbesitz und sind urheberrechtlich geschützt.

Übersetzung: Dagmar Heeg

Herstellung und Verlag: BoD – Books on Demand, Norderstedt

ISBN: 978-3755701934

Schloß Wekelsdorf

Prolog

Gertie Hampel -Faltis verfasste dieses Tagebuch, diese zum Teil unveröffentlichten Gedichte sowie zwei Kurzgeschichten Anfang des 20. Jahrhunderts im Schloss Wekelsdorf. Gedichte, die zum Nachdenken über das menschliche Dasein anregen und Hoffnung und Mut machen und Gedichte über die schöne Natur, die das Schloss umgibt, eben das ihr „böhmische Paradies".

Zwei Gebete schließen den 3. Band von Gertie Hampel-Faltis ab. Sie bezeugen eine tiefe religiöse Haltung der Dichterin, an der, wie im 2. Band beschrieben, das Schicksal nicht spurlos vorbei gegangen ist. Alle Werke sind thematisch zeitlos und daher auch fast 100 Jahre nach der ersten Veröffentlichung lesenswert.

Über die große europaweit verzweigte Familie gibt der Stammbaum Auskunft, der nun erstmalig veröffentlicht wird.

Viel Freude beim Lesen wünsche ich,
die stolze Enkeltochter

Beate Baron
November 2021

Prolog

V tomto svazku vám představujeme básně, z nichž některé jsou zde otištěny vůbec poprvé, a dvě krátké povídky. Jejich autorkou je Gertie Hampel-Faltis. Napsala je na dolním zámku v Teplicích nad Metují ve 20. a 30. letech minulého století. Najdete zde básně, které inspirují k zamyšlení nad lidskou existencí a dodávají člověku naději a odvahu, i básně o krásné přírodě v okolí teplického zámku – o onom pověstném „českém ráji".

Svazek uzavírají dvě modlitby, které svědčí o hlubokém náboženském založení básnířky, již osud nijak nešetřil. Všechna díla jsou tematicky nadčasová, a i téměř 100 let po jejich prvním vydání stojí za přečtení.

Rodokmen, který se zde dostává do rukou čtenářů vůbec poprvé, poskytuje informace o rozvětvené rodině, která je rozesetá po celé Evropě.

Příjemné čtení vám přeje hrdá

vnučka autorky

Beate Baron listopad

2021 Das Tagebuch

Am 7. Jänner 1929 um 1/2 9 Uhr Abend ist unsere kleine Tochter zur Welt gekommen, mit langen dunkelbraunen Haaren, u. dunklen Augenbrauen, die wie Dächlein vorstehen, mit Wimpern u. zartem Flaum auf Stirn, Ohren u. Rücken. Ich bekomme sie gar nicht zu Gesicht, denn ich liege noch im Ätherrausch, ich weiß nur, daß es ein Mädchen ist u. dass ich etwa sehr weiches herziges geküsst habe. Alles ging ziemlich normal, nur lang, lang hat es gedauert. Sonntag am 3 Königstage beginnen früh schwache Wehen. Wir fahren um 1/2 10 mit dem Schlitten nach Trautenau. Die Sonne scheint seit langer Zeit zum 1. Mal! Eine gute Vorbedeutung. Nachmittags gehen wir noch in den tiefen Schnee spazieren zum [...] lauf, dann ins Café Korso. Die Wehen sind heftiger. Abend rücke ich voll Mut im Krankenhaus ein. Die Schwestern kommen zunächst erst, die blonde Schwester Edith, dann die dunkle mütterliche Eliska. Gegen Mitternacht erst Dr. Hans.

Das Kopferl hat sich schon eingestellt. Ich habe Mut und denke bis zum Morgen ist alles erledigt. Aber es vergeht der Vormittag und Nachmittag im Kreißzimmer auf. Gegen 7 Uhr versagt mir Kraft und Mut u. Hoffnung. Mir ist alles ganz gleich, ich bitte fortwährend um die Narkose. Endlich um 3/4 8 bekomme ich Äther. Herrlich, nichts mehr zu wissen und dann alles Aufregen und alles ist vorbei!

Die Kleine war 3,15 kg, ganz lebendig, nur ein bisschen blaß. Als sie zur Welt kam und alles noch in größter Arbeit war, ich im Rausch lag, die Doktoren sich die Hände wuschen, bekam Schwester Eliska das Kind in die Hände, um sie zu baden. Das kleine Kopferl war noch voll Blut u. Schleim, aber sie rannte begeistert vom jungen zum alten Dr. und sagte: „Schaun Sie, das wird ein schönes Mädel werden!"

Den ersten Tag sehe ich sie nur 1 Mal. Noch ist sie mir bisschen fremd, ein kleines Wesen! Dann aber von Tag zu Tag wächst sie mehr in mein Herz! Welch seltsam gestilltes Glück ein Kind. Ich habe keine Sehnsucht mehr nach außen. Ist es doch eine Erlösung der Frau!? Nun weiß ich erst, was eine Mutter für ihr Kind empfindet, nicht so als Teil des eigenen Ich, sondern als Knospe, die ganz in meinem Schutz gestellt ist.

......

Ihre Lebhaftigkeit ist eigentümlich. Ebenso wie an ihre Geburt strampelt sie, streckt die Füßchen, ballt winzige rote Fäuste oder streckt die schmalen langen Finger aus.
Wenn sie die Brust nicht findet, schaukelt sie empört den kleinen Kopf, die dunklen Augen wandern herum und das Gesichtel wird zornrot. Die ersten 3 Tage nimmt sie die linke Brust nicht, aber schon nach einer Woche trinkt sie über 400 g täglich. Nach 5 Tagen hat sie bloß 8 dkp abgenommen und jetzt werden die kleinen Backen täglich runder!

Mit mir selbst geht es schnell aufwärts, kein Fieber, bald stille ich auch schon selbst, die Brust ist in Tätigkeit. Am 7. Tag werden die Klammern herausgenommen. Heute am 10. Tag stehe ich das erste Mal auf.

Gedicht der Mutter:

19.1.29

Klingend tropft die Zeit aus meiner Uhr,
durch das Zimmer wandert golden Sonnenschnur,
Blumen blühn auf meinem Tisch andre indessen
welken ab, die gestern frisch Kleine
Menschenknospe, du mein liebes Kind,
wie wir beide tief verwoben sind
mit der Sonne wandern und der Blumen Aufblühn und Vergehen
fühl ich heut noch unseren Atem ineinander wehn, deine
Knospen doch mit jedem Nu
blüht und neigt dem Leben zu

während unaufhaltsam rinnt die Zeit welket
langsam ab der Mutter irdisch Kleid

Die jungen Eltern: Kurt, Gertie und Renate

Im Juni

Die Kleine ist 5 Monate alt. Wie viel liegt schon hinter uns. Am 22. Jänner um 3/4 2 Uhr mittags sind wir in unserem kleinen Auto übersiedelt. Schon ein paar Tage lang hätte ich heimfahren dürfen, aber es gab so viel Schnee und so große Verwehungen daß kein Fahrzeug übern Riegel fahren konnte. Also hieß es warten.

Am 10 Tage das Aufstehen war ein Fiasko. Ich fühlte mich so wohl im Bett und so kräftig. Mit Schwester Eliska wollte ich sie (Renate) in ihrem Zimmer 2 Türen von meiner besuchen. „No, wollen wir!" Dann will ich mich anziehen, „Aber das ist doch nicht notwendig, nur die

Hausschuhe!". Ich aber möchte mindestens den Schlafrock anziehen. Also auf! Im Nu liege ich Schwester Eliska um den Hals, sie führt mich zum Sofa. Sterne tanzen vor meinen Augen, in den Füßen Ameisenkribbeln, das kann ja gut werden, denke ich mir, aber am Nachmittag stehe ich schon einige Momente allein und am nächsten Tag gehe ich 20 Minuten im Zimmer auf u. ab.

Die ersten Male schmerzt meine Narbe wahnsinnig, ich denke ich breche auseinander. Ich kann mich noch nicht setzen, ich kann nicht auf das Örtchen gehen, zu viel Schmerzen noch. Ich muss noch ein Klysma bekommen und liebe die Bettschüssel. Dann laufe ich schon ins Kinderzimmer, gehe am 12. Tag hinauf in den Operationssaal, weil Bibi (Renate) fotografiert wird. Am 14. Tag fahre ich heim.

Mai 1930

Bibis erste Begegnung mit kleinen Menschen!

Christa Zarte kommt mit Mutter und Großmutter auf Besuch. Christa ist ein Jahr, Renate ca. 17 Monate. Sie ist eingeschüchtert. Christa sitzt in Bibis Laufschuhe und kriecht und gibt Datzlaute von sich. Renate fürchtet sich, wenn ich zärtlich mit Christa spreche, lacht Bibi mich an, dann schreit Christa einmal, Bibi schreit zurück, usw. Bibi heult laut los. Schwester Rosl kommt herein. Bibi läuft ihr entgegen, Rosl fängt sie, Renate legt den Kopf auf Rosls Knie und betrachtet unverwandt das fremde unheimliche Kind. Sie ist richtig erleichtert, wie der Besuch, der sehr laut ist, mit dem Kind fortgeht.

Renate sagt früh im Bett immer wieder: „Ritz" oder „Iih". Gestern war „Ja". Jetzt sagt sie ... „Ja, ja amamma hamhamm amamma", bedeutet Großmama und sie bringt „Ham".

23.10.
Hamma = Großmama.
Papa, der letzte Ton ganz hochgezogen ist freundlich. Heißt es Papa, dann ist es unangenehm, dann ist Papa zum Fürchten. A-a mit Kopfschütteln. Deutliche Ablehnung!
Töpfchen und A-a sind in Verbindung, werden aber nicht gerne u. prompt gemacht.
Au-au; wau-wau, der Hund wird geliebt (Meta hieß Gerties Schäferhund, der gerne die Wurstwaren vom Fleischer im Korb

zurück ins Schloss trug. Anm. Hrsg.). Sie füttert ihn ohne Angst. Freut sich, wenn Terry es ihr sanft aus der Hand nimmt. Wenn ein Stück Brot oder Semmel auf den Boden fällt, so gibt sie es mir u. sagt: Wauwau, es ist für den Hund. Sie hat große Freude über neue Kleider und zum probiert gerne und besonders Mützen und Hüte, die sie allein aufsetzt und zum Spiegel geht. Sie fällt selten, ist körperlich ganz anders, furchtlos. Aber sehr empfindsam u. schreckhaft gegen Unfrieden, zwischen den Hunden und harte menschlichen Stimmen. Dann zwinkert sie mit den Augen und zieht sich zurück. Geht auf den Zehnspitzen. Wenn ich das Grammophon aufziehe, stellt sie sich auf die Zehensitzen und will mit mir tanzen. Ich nehme sie auf die Arme u. tanze. Sie macht auch selbst im Kreise Tanzschritte, wenn man sie an den Händen hält und vormacht. Auch ganz allein im Kreis. Hat Freude über neues Spielzeug, die neue Spielzeugtruhe, den Hund zum Ziehen, die neuen Würfel. Sie füttert die Puppen, zeigt, wie die Puppe schläft, singt Kinderweise mit und.... falsch. Ist schüchtern gegen Fremde. Am wenigstens gegen Emmy Carstensen und Else Bobol.

27.10.30

Seit 2 Tagen sagt Renate „Hakka, Akka, Akua". Ich sehe, weil sie dabei auf meines Bruders Bild und eine heilige Familie zeigt, dass es „Onkel" heißt, für Mann, fremd, nicht der Papa. Ich frage: „Onkel Fritz?" Zustimmung, begeistertes Kopfschütteln, „Akka, Akka".

Heute wurde das 1. Mal vom Friseur hier daheim das Haar geschnitten. Es ging ganz gut.
Wenn sie sich freut, breitet sie ein bisschen die Arme aus. Macht Fäustchen, lacht spitzbübisch und zittert in krampfhafter Erregung. Beim Ballen der Hände. Ich stelle immer fest, sie ist sensibel, umsichtig im guten Sinne. Sie hat vor Männern mehr Angst wie vor Frauen. Schon immer.

7.11.30

Renate ist 22 Monate. Sie läuft immer besser, klettert gewandt auf Bäumchen und Truhe. Sitzt oben und baumelt mit den Füßen mit befriedigtem Gesicht.
Seit 3 Tagen sagt sie "Happ"! Schnell u. flink. Es heißt hopp u. bedeutet einen Sprung, wie ich es den Hunden befehle! Sie springt von der Truhe u. sagt "Happ", macht einen Satz auf die Füße.

Ende Okt. hat sie 16 Zähne, 4 untere Schneidez., 4 obere Schneidez., alle 4 Eckzähne, je einen (4) Backenzähne.

Bleistift heißt: Pappahakka (= man kann damit einen Onkel u. Papa malen). Auch zeichnen oder ein aufgemalter Bleistiftstrich heißt Paapahakka.
Läuft immer noch auf den Zehenspitzen.
Vor dem Spiegel hängt sie hundert Krägen über den Hals und wenn sie dies tut, freut sie sich.

Mai 1932

Bei Großmamas Geburtstag, also am 29.3.1931sagt sie das erste Mal "Omi", nicht mehr „Hamma".
Sie kennt alle Menschen auseinander, die ihren Bekanntenkreis bilden, z. B. sämtliche Onkels, die Studenten Onkel Peppi, Willy, sagt „Ewi" statt Erwin, kennt Bobby … hat schon einen großen menschlichen Horizont. Soviel ich weiß, spricht sie schon alle Buchstaben außer "r" u. "l".

Im Weckelsdorfer Bad im Sommer ist sie schon vollständig selbstständig, kennt sie alle Kinder und Erwachsenen mit Namen. Geht allein zu „Frau Patzer " einkaufen. Lässt sich von allen Seiten anrufen und unterhalten, am liebsten mit 8-10jährigen Jungen. Kleinere Mädchen sind nicht mehr so lustig. Als ganz kleines Kind liebte sie mehr Babys.

Im November 1931 spielt sich folgendes ab. Sie begegnet auf der Straße den Amand Puzicka, einen Mann mit einem Holzbein. Sie bleibt alleine stehen, sieht ihn an. "Warum hast Du ein Holzbein? Hast du auch ein Holzpo, kein weiches Po?" Gottlob versteht er's nicht. Mir wird es mit Nachdruck vor Gästen erzählt: „Weißt Mutti, ein Holzpo, kein weiches Po!"
Sie weiß während meiner Griechenlandreise genau, daß ich in „Gichiland". Einmal spreche ich von Athen, da sagt sie „in Gichihand!" Beweist ihr gutes Gedächtnis. Im Sommer 1931 muss ich sie abends immer „einsingen". Jeder hat sein eigenes Lied, das darf der andere nicht missbrauchen. Gromi (Großmama Wiehan) hat ihres, wenn ich eines singe, dann sagt sie, „Das ist Gromis!". Genauso umgekehrt. Besonders Mozart: Schlafe mein Prinzchen, da darf man aber nicht singen Prinzchen, sondern Kurt, der Papa. Bobes brummt

einmal das Lied mmm - mhm – usw. Wenn dann irgendjemand es so macht, dann sagt sie immer, so macht der Bobes.
Sie kennt auch den Onkel Pinke (Fritz Rieger), erkennt ihn im Radio. Stellt das Radio aus und. an. Kennt alle Grammophonplatten, die wir oft spielen auseinander, hat ihre Lieblingsplatten. Wenn sie ihre Puppen, ihren Teddy zur Ruh legt, so singt sie ihn genau so ein, wie sie selbst. Die kleine Negerpuppe verliert an manchen Stellen seine schwarze Haut, dann kommt ein bißchen rot heraus: „Wird schon wieder gut werden, kann heil werden, so so, ganz gut," streicht und bläst sie drüber. Genau wie es bei ihr selbst gemacht wird.

Im Sommer 31 hat sie die Gewohnheit alle Endsilben zu verdoppeln: „Einkaufi- kaufi, jaufi -jaufi, schaui -schaui" u. ein i anzuhängen. Das Mädchen Liese heißt: „Jiejii", die Euli, unser Kindermädchen, Fräulein Rudolf, „Eu-eu", „Wichti" aus Wichtrei unserem Gärtner und Chauffeur, später wird aus Liesel - Gisi … die große Lisi, zum Unterschied von der kleinen Lisi, ihrer liebsten Spielgefährtin. Der Jüptner Liesel. Mein Name ist jetzt „Mutti" geworden, wandelte sich von Mami in Pampi mit dem sie mich immer ärgern wollte. Sie rennt ins äußerste Zimmer und schreit „Pampi", ich renne als ob ich erbost wäre nach. Sie schüttelt den Kopf:
„Mein Pampi", u. mit starker Betonung:
„Mami!" Kaum entferne ich mich beginnt dasselbe Spiel.

Um Weihnachten beginnt dann die Zeit der Namensrufung „Kurt", „Gertin", „Jabert" für den Großpapa - jetzt augenblicklich nur Mutti - Tutti - oder nur Tutti. Überhaupt Namen umdrehen ist ihr Hauptspaß lange Zeit gewesen. „Tuka-Tuka, Maxi-Papi". Seltsame Worte kommen jetzt in den schon korrekten Satzbau überhaupt nicht vor: eigentlich, vielleicht."

Gefragt wird wie im Anfang des zweiten Jahres alles mit „Wo?" Danach kam „Warum?". Jetzt hört die ganz schlimme Fragezeit wieder ein bisschen auf. Sie singt im 2. Jahr. "Ein Männlein steht im Waldi, ganz still u. ganz stumm, es hat ein papajotes (purpurrotes)Mäntlein um!"
Sie ruft „Liti, liti", ich: „Meinst Du am Ende mich?" „Ja, ja du!" Sonst gehen alle Sätze gut, nur die die Fälle des Hauptsatzes beherrscht sie nicht: „Hol mir den Wagen!" Alles Befehl: „Mutti jetzt kannste gehen, sonst kommt die Omi!"

Sie trinkt ganz manierlich bei Tisch, liebt den Zucker u. isst furchtbar viel davon! Löffelweise!

Besondere Freude macht seit einiger Zeit das Hauen. Vor dem Schlafengehen flüstert sie mir inbrünstig zu: "Ich möchte so gern den Ossi Bönsch hauen." Aber man haut doch kleine Kinder nicht. "Bloß mal richtig durchhauen, Mutti!" Dem Maxi-Parli haut sie eine regelrechte Ohrfeige herunter, als er sie nicht zur Tür hinauslassen will. −

Es gibt Apfelkompott. Renate hat die sympathische Funktion der Zuckerstreuer entdeckt. „Mutti, ich möchte ein bißel Zucker drauf streuen!". Papa „Nein, jetzt nicht!" Also nimmt sie das Salz und streut Salz drauf. „Bibi, sollst kein Salz drauf streuen." „Dann gibt mir Zucker!", flehender Blick. Um der Erziehung willen, rede ich ab. Sie wimmert u. stochert mit dem Löffel im Kompott. Papa: „Also wirst du's essen?" Kopfschütteln. Er nimmt ihr den Teller weg. Sie hält ihn fest: „Also wirst du's essen?" „Ich möchte bißel Zucker drauf! Also wird's bald." Er klopft mit dem Finger auf den Tisch. Sie isst wiederwillig ein paar Bissen. "Siehst du, wie schön es geht?" Prompt drauf: „Mit Zucker ist's aber besser!"

Im Verlauf des Gesprächs neckt sie Kurt mit dem Satz, dass er sie an die Zigeuner verkaufen will. „Fährt die Mutti mit?" „Nein, ich nehme Dich allein mit!" „Ich will aber nicht." „Unartige Kinder usw. ....." , sagt Kurt. Sie geht vom Tisch weg, die Tränen sitzen schon nahe, sie setzt sich mit dem Rücken gegen Kurt auf's Schaukelpferd und. sagt: „Will überhaupt nicht mit Dir sprechen." und geht's ins Winkel. Kurt brummt, „Aber geh' du wirst doch nicht boken. Pappi macht doch bloß Spaß. " „Ich will aber keinen Spaß machen! Überhaupt nicht!"

Kurt Hampel

Mit 3 Jahren wiegt sie 18,30 kg, ist 100 cm lang. Im April wiegt sie 19,60 und ist 102 cm lang.
Die X-Beine nehmen durch Massage und Turnübungen ziemlich ab. Geimpft wurde sie zweimal, je einmal im Sommer 1930 u.1931, beide Male ohne positiven Erfolg. Letzter Arztbesuch beim Augenarzt: Durchstechung des Tränenkanals in die Nase.

20. Juni 1932

Bibi malt mit dem Stock ein ,,B" in den Sand. Kann aus mehreren Geldstücken eine Krone heraussuchen. Sie fragt, wie macht man Kaffee, wie macht man Kakao, wie macht man eine Wiese? An einer Wiese mit Kuhhaufen vorbeifahrend, fragt sie, kommt das alles in die Scheune?

Gertie und Dulla

März 1933

5. Geburtstag ist vorbei: Dulla ist groß, sehr rund. Körperlich gesund, kann eine Brücke bauen, trägt die gleichaltrige Bittner Traudl. Liebt vor allem Holzspiele! Sie kann in Druckschrift vollkommen sicher ihren Namen schreiben, kann zählen, tadellos sicher rechnen. Einmal in diesem Winter wache ich auf, sie murmelt vor sich hin, ich höre hin: 2 + 3=4, 5 - 6 ist 11 usw. einmal falsch, einmal richtig, aber rastlos. Ich frage: „Armes Kind" - Stille - dann fragt sie laut: „Was?" „Daß du jetzt schon rechnen musst!" Wieder Stille und nach einiger Zeit rechnet sie weiter.

Große Beobachtungsgabe. Sie hängt sehr an mir u. an Menschen, die ich gerne habe! Ich muss schon lange mit ihr in einem Bett schlafen. Also auch abends im leeren Ehemannsbette, gegen früh ruft sie: „Mutti komm in meine Wohnung!" und ich schlüpfe in ihre „Wohnung". Dann wird vergnügt weitergeschlafen oder gespielt. Die Finger sind Hunde oder Kinder und Mutter oder ist sie selbst die Löwenmutter und ich ein junger Löwe. Oder sie ein Reh und ich ein Löwe, brülle ich, so nimmt sie zärtlich meinen Kopf. „Nicht wahr, du machst mir nichts?

Ich habe dich so lieb!" Abends vor dem Schlafengehen wird nur das Pferdespiel hinter der Schürze (?) mit Begeisterung gespielt. Jeden Abend in genau derselben Weise.

Bei Tag wird nur Wassermann gespielt. Frosch hüpfen, schwarzer Mann oder Schule. Viel gemalt. Sie malt am liebsten Tiere: Pferde oder Hunde, oder Hasen. Auch in Plastilin. Sie nimmt abends, wenn ich nicht daheim bin, meinen Pyjama gerollt ins Bett, hält ihn ans Gesicht: Mutter Ersatz.

Gertie und Dulla im Weckelsdorfer Freibad

Dicke Freundschaft mit Trudi Hoffmann und Bittner Traudi. Am liebsten aus aller Anhänglichkeit hat sie noch immer zu Jüptner Liesl. Sie teilt jedes Bonbon, alles mit mir. Ist sehr gut u. weich zu mir. Aber nur zu mir und zu Ringel Gretel. Oft, wenn sie zu den anderen böse war und die Gromi und Euli sie hinausgeschmissen hatten, machte ich ihr Vorwürfe. „Aber wenn ich dich doch am meisten lieb habe."

Ich sage zu Kurt: „Bleib doch noch hier!" Er weigert sich, da tönt aus der Ecke Herrn Dullas Stimme „Ein anderer Papa würde bestimmt bleiben!"
Oder sie wehrt ab, wenn ich ihn bitte zu bleiben: „Hast ja mich, Mutti, ich bleibe doch bei Dir! Es ist besser, er fährt wieder." Oder: „Wann fährt er weg?"

Großes Entzücken, wenn wir kleine Hundeln haben. Sie lutschen am Nachthemd, das muss nachgeahmt werden. Die Püppchen setzen sich unter sie und müssen auch lutschen am Nachthemd.

Nach Weihnachten ist Otto verblüffend gekommen, wohnt bei uns. Dulla: „Da wird Ottos Mutti denken, ja, wo ist denn der Otto, und dabei ist er bei uns. Oder, wenn der Otto mal eine Frau hat, wird er aber nicht so oft zu uns kommen dürfen!"

Ich summe im Bett morgens Melodien und Dulla errät vollkommen sicher, was es ist. „Das wir beim Christbaum singen". Seit dem 4. Geburtstag will sie nur noch Dulla heißen. Folgende Unterhaltung: „Wie hat dich deine Mutti gerufen, wie du klein warst? „Gertie". „Und deine Puppi?" „Dulla!" „Ich will auch Dulla heißen!" und von dem Moment an muss jeder Dulla zu ihr sagen, sonst muss er eine Krone zahlen. Auf Torte und Taschentücher muss man Dulla schreiben und es hat sich wunderbar eingebürgert. Niemand denkt mehr an Bibi. (Das ist der alte Spitzname, Anm. der Hrsg.)

Sie isst wenig zu Mittag: Ich: „Ich möchte wissen, warum du heute gar nichts isst?"
„Brauch doch nichts essen. Will doch nicht so groß werden, wie der Pappi, will so werden, wie Du!"

Zu Weihnachten hat sie ein Auto bekommen zum Treten und Fahren. Also fährt sie fabelhaft vor- und rückwärts. Kurt soll's einmal bewundern. Sie fährt einmal um den Tisch, Kurt schaut nicht hin, dann sagt er: „Also fahr noch einmal! „Ich hab kein Benzin mehr!" und schiebt das Auto in die Garage.

Zu Weihnachten war das Schönste, der Christbaum mit den vielen Lichtern. Sie kann endlich gut Auto fahren und eines morgens weckt sie mich: „Heute muss ich auf deinem Auto fahren lernen." „Das darf man erst mit 18 Jahren. Trotzdem kommt sie mir bis zur Apotheke entgegen und will einsteigen und chauffieren. Ich mache ihr klar, dass der Polizist das nicht erlaubt. „Aber Mutti, ich weiß genau wie man's macht, ich hab schon oft aufgepasst, wie du's mit den Händen und Füßen machst."

Gerties Tochter Renate mit Chauffeur Wichtrei

Die Großmutter Hampel aus Trautenau schickt zu kleine Strümpfe. „Also sag doch der Großmutter Hampel, dass sie eben öfter kommen soll, damit sie weiß wie groß ich bin und dass sie nicht immer zu kleine Sachen schickt.

Sie hat von der Euli (Kindermädchen von Gertie) eingeimpft bekommen, dass man vor dem Nachtwächter Angst haben muss. Also, da es eine unbekannte Person ist, flößt er Respekt ein. Man braucht nur sagen, der Nachtwächter kommt, schon geht alles wie am Schnürchen. Denn allmählich kommt sie hinter den Schlich des Nachtwächters. Wir sind einmal nach Trautenau gefahren und Gromi sollte mitfahren. Im letzten Moment tut sie es nicht. Am Heimweg, sie immer neben mir vorn sitzend „Die Gromi hätte doch mitfahren können, wir sind lang genug geblieben. Euli „Ach sie will eben nicht und darum wird sie immer einen Grund finden."
Dulla sagt laut: „Da werden wir eben sagen, Gromi, der Nachtwächter kommt!"

Überhaupt ist sie halt so sehr aufgeweckt, hat ein blendendes Gedächtnis und bemuttert die Dillner Traudl, trotzdem die 3/4 Jahre älter ist. Besonders beim Essen und Reden fühlt sie sich ihr überlegen. August 1935

Dulla hat vom 14.-25. Juli eine Angina gehabt. Mundsperre, die ganz langsam vergeht. Am 25.7. ist der 1. Zahn ausgefallen, linke obere Schneidezahn. Gleich würde der 2. schon drunter, ein bißchen schiefe kleine Zacken. Jetzt seit der Krankheit stickt sie gern, ganz selbständig ein Deckchen, Kreuzstich, Vorderstich, Spannstich, mit großem Eifer.

2. September

Heute ist ihr erster Schultag, sie ist doch sehr aufgeregt aber vollkommen beherrscht nach Außen! Wir kommen ziemlich spät in die Schule, von der Klassentür an geht sie allein, wird in die letzte Bank gesetzt mit einem fremden Kind. Sie ist sehr ernst, ein bisschen blass, aber beherrscht. Dann in der Schule ist die ganze Angst weg. Die Schule ist schon viel schöner als Zuhause.

Abends fasst sie den großen Entschluss, die Puppen räume ich weg, ich bin schon mehr auf die Schule eingerichtet. Sollen die anderen Kinder damit spielen, ich hab gar keine Lust mehr.

Wir waren 10 Tage an der Ostsee (Baabe auf Rügen). Dulla sagt: „Baba!" Sie hat sich sehr erholt, ist kräftig geworden, hat sich auch an den Wellen sehr gefreut! „Mutti, mir tut beim Lachen so sehr die Brust weh!" Ich ganz entsetzt „Innen oder außen?". Sie hält die Hand auf den Magen.

Renate hat den ersten halben Tag frei. Sie freut sich eigentlich nicht, sondern schaut um 1 Uhr Nachmittag auf die Uhr und möchte schon wieder in die Schule gehen. Trotzdem spielt sie wunderschön kochen. Sie hält die Schultasche, die natürlich hundertmal aus- und eingeräumt wird, in musterhafter Ordnung. Wir gehen stolz zusammen das erste Heft und den ersten Bleistift kaufen. Sie wird nie vergessen, dass ein zwanzig Heller für ein Zeichenblatt mitgebracht werden muss. „Wirst sehen, viele werden das vergessen, Gertin." (Sie sagt seit einiger Zeit immer Gertin zu mir!).

Sie wundert sich sehr über unartige Kinder. Heute hat der Herr Pfarrer die erste Stunde gegeben. Er hat viel geschrien und die Kinder haben getischpert. War das eine …!

6.12.35

Die große Schulbegeisterung ist vorbei, lieber geht sie nicht in die Schule, ist viel lieber krank und wenn man mal einen halben Tag herausschlagen kann, ist ihr unbedeutend wohler.

Vom 25. Okt. an hatte sie Schafblattern nicht übermäßig. 5 Tage Bett, nach 10 Tagen in der Schule. Am 4. Nov. unter großem Protest und lautem Geschrei ein 1. Schneidezahn gezogen über dem schon über dem schon der 2. sitzt. Frau Doppelzahn!

Am 14. Nov. bekommt sie eine Mundschleimhautentzündung. Ohne Fieber, aber sehr unangenehm. Schorf auf den Lippen und in den Nasenlöchern. Am 2.6. geht sie wieder in die Schule. Sie schließt sich an die Klassen wenig an, nur mit Bittner Traudi verbindet sie eine große Freundschaft. Aber Dulla will doch meistens das Gute allein für sich.

Gewicht am 4. Dez., also mit fast 7 Jahren. 28,30 kg
Länge am 31. Dez. 1935 = 128 cm

Weihnachten bis Januar 1936

Sie hat plötzlich die Freude bekannte Worte ,,und" „das" usw. in Büchern mit Druckschrift heraus zu finden. Schnell in fast einer Woche bildet sich daraus Freude am Selbstschreiben jedes Wortes, ganz langsam sagt sie das Wort vor und dann schreibt sie Buchstaben für Buchstaben hin. Natürlich die ,,Ku" oder auf einer Karte an Lili Betlen: „Ich danz für die Kate". Aber es ist doch ein ganz großer Fortschritt. Jetzt ... Rechnen, Lesen: das sind jetzt die schönsten Stunden!

Einmal früh im Bett, damit man nicht in die Schule gehen muss, hat sie Kopfschmerzen. Kurt ist nicht zu Hause. Er kommt überraschend, findet uns beide noch im Bett und sagt ,,Sei froh, dass ich nicht deine Mutti bin, da müsstest du in die Schule gehen, dürftest nicht zu Hause bleiben."

Wir sind bei Stenzels in Röwersdorf. (Dort wohnt Gerties Schwester Jutta mit ihren drei Kindern Wolfgang, Walter und Gitti, Anm. d. Verf.) Toni, der Ehemann der Schwester, lädt sie ein, mit ihm nach Schönau zu fahren. Sie fragt mich, vor dem Augenblick während er das Zimmer verlassen hat: „Soll ich mitfahren, was meinst du?" Ich: „Aber ja. Du fürchtest dich doch nicht vor Onkel Toni?" Sie: „Nein, aber zu seinen Kindern ist er auch streng. Ich glaube alle Väter sind zu ihren Kindern streng. Aber zu mir hat er ja keine Verpflichtung, streng zu sein!"

Die Verwandten aus Röwersdorf seitl
ich vor dem Schloss Weckelsdorf: Gertie, Renate, Gromi (Augusta Hoser), Walter Stenzel, Wolfgang Stenzel, Jutta Stenzel, geb. Faltis, (Gerties Schwester) und Brigitte Stenzel, v.l.

Jänner 1936

Wanderung im Gebirge, sie liebt Fußwanderungen nicht, muss eine 3/4 Stunde im Schneesturm, Gewitter und auf eisigem Weg von den Teichmann aufwärts stapfen zur Hampelbaude. „Ich gehe nie mehr mit ins Gebirge."

Großmama Wiehan, (Johanna, gen. Jenny, verw. Faltis) sagt ihr bei Tisch, sie soll ruhiger sitzen. Sie sagt mir nachher: „Weißt Du, ich wollte ihr schon sagen, sie selbst ist immer in Tätigkeit!". Dabei imitiert sie die Bewegungen, aufheben, einen Tisch abbürsten, etc..

Die Schulbegeisterung ist ganz weg. Am Schönsten ist es zu Hause. Viel Puppenspiel, Zimmerräumen. Reiten, Meerschweinchen. Große Unordnung. Lieblingsfächer: Zeichnen, Handarbeit und Tschechisch!

7. ledna 1929 o půl deváté večer se nám narodila dcerka, s dlouhými tmavě hnědými vlásky a tmavým obočím vystouplým jako dvě stříšky, s řasami a jemným chmýříčkem na čele, ouškách a zádíčkách. Vůbec ji nevídám, ještě totiž ležím omámená éterem, vím jen, že je to holčička a že jsem políbila cosi heboučkého a rozkošného.

Všechno šlo celkem hladce, jen to trvalo dlouho, velmi dlouho. V neděli na Tři krále ráno nastoupily slabé kontrakce. O půl desáté jsme na saních vyrazili do Trutnova. Poprvé po dlouhé době svítilo sluníčko! To bylo dobré znamení. Odpoledne jsme se šli hlubokým sněhem ještě projít, pak do kavárny Korso. Kontrakce začaly sílit. Večer jsem plná odvahy nastoupila do nemocnice. Nejdřív ke mně chodily jen sestry – světlovlasá sestra Edith, pak tmavovlasá, mateřská Eliška. Teprve kolem půlnoci přišel doktor Hans.

Hlavička už se nastavila správným směrem. Cítím odvahu a myslím, že do rána bude vše odbyté. Na porodním sále ale trávím ještě dopoledne a odpoledne. Kolem sedmé hodiny večer ztrácím sílu, odvahu i naději. Je mi všechno jedno, prosím už jen o narkózu. Ve tři čtvrtě na osm konečně dostávám éter. Je skvělé nic nevnímat a pak všechno to vzrušení a je po všem!

Malá vážila 3,15 kg, měla se k světu, jen byla trochu bledá. Když byla na světě a kolem byl ještě velký shon, já jsem ležela omámená a doktoři si myli ruce, dostala ji do rukou sestra Eliška, aby ji vykoupala. Malá hlavička byla ještě plná krve a hlenu, ale sestra přeběhla od mladého ke starému doktorovi a povídá: „Podívejte, z ní bude krásná holka!"

První den jsem ji viděla jen jednou. Ještě je mi trochu cizí, stvořeníčko drobounké! Každým dnem mi však přirůstá stále více k srdci! Jaké zvláštní konejšivé štěstí je dítě. Už vůbec po ničem jiném netoužím. Že by to bylo pro ženu přece jen vysvobození? Teprve teď vím, co cítí matka k dítěti, není to součást vlastního já, ale poupě, které je celé dáno pod mou ochranu.

Její živost je svébytná. Stejně jako po porodu kope nožičkama, natahuje je, svírá ručičky do malinkých červených pěstiček a natahuje své tenké dlouhé prstíky. Když nemůže najít prso, pohupuje rozhořčeně hlavičkou, její tmavá očička těkají ze strany na stranu a obličejíček jí rudne hněvem. První tři dny se nechce přisát k levému prsu, ale po týdnu už vypije přes 400 g denně. Po pěti dnech zhubla jen o 8 deka a její tvářičky se každým dnem zakulacují!

Mně samotné se daří stále lépe, jsem bez teplot, brzy už budu kojit sama, prsa se dala do činnosti. Sedmý den mi vyjmuli svorky. Dnes je to deset dní a já poprvé vstávám.

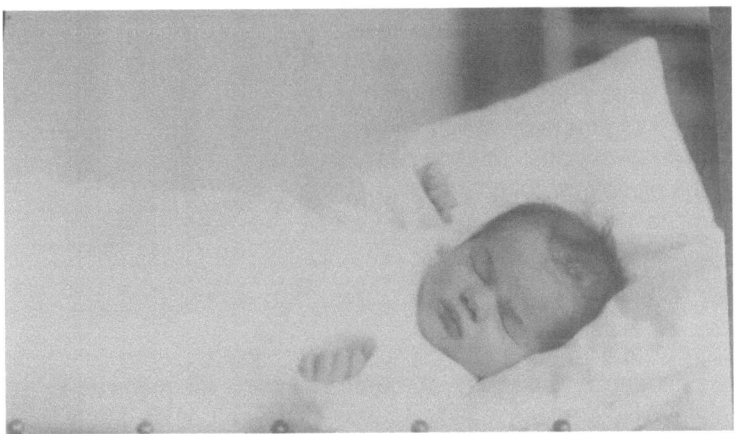

Renate Jutta Gusta Hampel

Báseň matky

Z mých hodin zvonivě skapává čas,
pokojem line se zlatý slunce jas, květiny na
stolku mají květy vnadné, jiný květ, včera
utržený, dnes již vadne. Lidské poupátko,
mé dítě milé, tak silně spjaté jsou naše
vnitřní sítě, se sluncem kráčíme, květy pučí
a odkvétají, ještě dnes cítím, jak dech se mi
láskou tají. Tvá poupata každou chvíli
rozpučí a do života pílí, zatímco čas
neúprosně plyne, matčin pozemský háv
pomalu hyne.

červen

Malé je pět měsíců. Kolik toho už máme za sebou. 22. ledna ve tři
čtvrtě na dvě jsme naším malým autem odjeli z porodnice domů.
Propustit už mě mohli před několika dny, ale venku leželo tolik sněhu
a byly tak vysoké závěje, že by přes Závoru nepřejel žádný vůz. Bylo
tedy zapotřebí posečkat.

Když jsem se po deseti dnech pokusila vstát, skončilo to fiaskem. Na
lůžku jsem se cítila zdravá a silná. Se sestrou Eliškou jsem se chtěla
jít podívat na dcerku o dvoje dveře dál. „Tak půjdeme!" Chtěla jsem se
obléknout. „Ale to přece není nutné, jen bačkory!" Ale já si chci
navléknout alespoň župan. Jdeme na to! Vmžiku visím sestře Elišce
kolem krku, vede mě ke gauči. Dělají se mi mžitky před očima, v
nohou cítím mravenčení. To mi tak ještě scházelo, pomyslím si, ale
odpoledne už se mi daří stát chvilku samostatně a druhý den už
popocházím 20 minut sem a tam po pokoji.

Ze začátku mě jizva strašlivě bojí, mám pocit, že se roztrhnu.
Nedokážu se ještě posadit, nemůžu si dojít na stranu, bolesti jsou
ještě příliš velké. Musím dál dostávat klystýr a jsem odkázaná na
podložnou mísu. Pak už dokážu dojít do dětského pokoje, dvanáctý
den jdu nahoru do operačního sálu, protože Bibi (Renate) se bude
fotit. Čtrnáctý den jedu domů

květen 1930

Bibino první setkání s malým človíčkem! Na návštěvu k nám přišla Christa Zarte s maminkou a babičkou. Christě je jeden rok, Renatě 17 měsíců. Je nesmělá. Christa sedí na Bibiných botičkách a něco žvatlá. Renate se jí bojí. Když s Christou něžně promlouvám, tak se na mě Bibi usměje, pak jednou Christa zakřičí, Bibi se lekne atd. Bibi se nahlas rozpláče. Vejde sestra Rosl. Bibi jí běží vstříc, Rosl ji chytne, Renate položí hlavičku na Roslino koleno a upřeně pozoruje to cizí hrozivé dítě. Vysloveně se jí uleví, když hlučná návštěva s dítětem odchází.

Renate po ránu v posteli neustále opakuje: „Ric" nebo „Íi". Včera i „Ja". Teď řekla: „Ja, ja amamma hamhamm amamma," což znamená „babička" (Großmama) a že přinese „ham".

23. října

„Hamma" = Großmama (babička)
„Pappa" – když poslední tón protáhne, tak je to vlídné. Když řekne „Papa", tak je to nepříjemné, pak je třeba se tatínka bát.
„A-a" a zavrtění hlavičkou. Jasné odmítnutí! Nočník a „A-a" se k sobě váží, ale nechodí na něj ráda a chvíli to trvá.
„Au-au", „wau-wau", psa miluje (Gertin vlčák se jmenoval Meta, rád nosíval uzeninu od řezníka domů do zámku – pozn. nakl.). Nebojácně ho krmí. Má radost, když jí Terry bere jemně pamlsky z ruky. Když spadne kousek chleba nebo housky na zem, podá mi ho a řekne: „Wau-wau", to je pro psa.
Raduje se z nového oblečení a ráda si je zkouší, hlavně čepice a klobouky, které si sama nasadí a jde se podívat do zrcadla. Padá málokdy, fyzicky je jiná, nebojácná. Je ale velice citlivá a bázlivá, když panuje neklid, mezi psy a hrubými lidskými hlasy. To pak mžiká očima a stáhne se do sebe. Chodí po špičkách. Když natáhnu gramofon, postaví se na špičky a chce se mnou tančit. Beru ji do náručí a tančím. Dělá taneční kroky v kroužku i sama, když ji člověk drží za ruku a předvádí jí to. Někdy tančí i úplně sama v kruhu. Má radost z nových hraček, z nové bedničky na hračky, z tahacího pejska, z nových kostek. Krmí panenky, ukazuje, jak panenka spinká, zpívá svým dětinským stylem a ... falešně. Stydí se před cizími lidmi. Nejméně před Emmy Carstensenovou a Else Bobolovou.

27. října 1930

Před dvěma dny začala Renate říkat „hakka, akka, akua". Ukazuje přitom na fotografii mého bratra a na svatou rodinu, tak soudím, že to znamená „Onkel" (strýček) jako označení cizího muže, nikoli tatínka. Ptám se: Strýček Fritz? Souhlasí, nadšeně pokyvuje hlavičkou: „Akka, akka." Dnes jí u kadeřníka poprvé ostříhali vlásky. Šlo to docela dobře. Když se z něčeho raduje, trošku rozpřahuje ručičky. Dává je v pěstičky, laškovně se směje a chvěje se křečovitým rozčílením. Neustále se mi potvrzuje, že je citlivá, obezřetná v dobrém slova smyslu. Mužů se bojí více než žen. Odjakživa.

7. listopadu 1930

Renatě je 22 měsíců. Čím dál tím lépe chodí, obratně lozí na stromky i po truhle. Sedne si na ni, pohupuje nožičkama a v obličeji se jí zračí uspokojení.
Před třemi dny začala říkat „hap!". Rychle a mrštně. Znamená to „hop" a myslí tím „skoč", tak jak to přikazuju psovi. Seskočí z truhly, řekne „hap" a přistane na nožičkách.

Na konci října má 16 zoubků: 4 řezáky dole, 4 nahoře, všechny čtyři špičáky a na každé straně po jedné stoličce (celkem 4).
Tužce říká „Pappahakka", tzn. že se s ní dá nakreslit tatínka („pappa") a strýčky („hakka"). „Pappahakka" znamená i „kreslit" a právě tak „tužkou namalovaná čára".
Stále ještě chodí po špičkách.
Před zrcadlem si na krk věší spoustu límců a má z toho radost.

Květen 1932

Na babiččiny narozeniny, tedy 29. března 1931 řekne poprvé „Omi", a nikoliv „Hamma",
Poznává všechny lidi ve svém okolí, např. všechny strýčky, strýčkastudenta Peppiho, Williho, Erwinovi říká „Ewi", Bobbyho... Co se lidí týče, má už široké obzory. Pokud se nemýlím, říká už všechny hlásky kromě „r" a „l".
Na teplické plovárně je v létě už zcela samostatná, zná všechny děti a dospělé jménem. Sama chodí k paní Patzerové nakupovat.
Nechává si ode všech volat a vybavuje se, nejraději s osmi až desetiletými chlapci. Mladší holčičky ji tolik nebaví. Když byla úplně maličká, milovala spíš miminka.

V listopadu 1931 se odehrála následující věc. Renate na ulici potkává Amanda Puzicka, pána s dřevěnou nohou. Zastaví se a dívá se na něj: „Proč máš dřevěnou nohu? Máš i dřevěný zadek, ne takový měkký?" Zaplať Pánbůh, že jí nerozuměl. Mně to vyprávějí před hosty: „Víš maminko, dřevěný zadek, ne takový měkký!"
Když jsem byla v Řecku (německy „Griechenland" – pozn. překl.), přesně věděla, že jsem v „Gichiland". Jednou jsem pak mluvila o Athénách a ona na to „in Gichiland!" To svědčí o tom, že má dobrou paměť. V létě 1931 jí musím večer uspávat zpíváním. Každý má svou vlastní písničku a nikdo jiný ji nesmí zpívat. „Gromi" (babička, „Großmama Wiehan") má také svoji, a když ji zpívám, říká Renate: „Ta je babiččina". A platí to i naopak. Zvláště u Mozarta: V písni „Schlafe mein Prinzchen" (Spi, mé princátko) se nesmí zpívat „Prinzchen", ale „Kurt", tak se jmenuje její tatínek. Bobes písničku zpívá jen brumendem „mmm – mhm ..." Když to tak někdo dělá, tak Renate prohlásí, že tak zpívá Bobes.

Zná také strýčka Pinkeho (Fritz Rieger), poznává ho v rádiu. Rádio zapíná a vypíná. Poznává všechny gramofonové desky, které často přehráváme, a má své oblíbené. Když ukládá ke spánku své panenky a svého medvídka, zpívá jim zrovna tak jako já jí. Její panencečernošce se na několika místech sloupává kůže a prosvítá trochu červené barvy: „To bude dobré, to se zahojí, pšt, to se spraví," hladí ji a fouká jí bolístku. Přesně tak, jak to děláme my jí.

V létě 1931 má ve zvyku zdvojovat všechny koncové slabiky: „einkaufi-kaufi", „jaufi-jaufi", „schaui-schaui". Ke slovům přidává „i". Holčičce Liese tedy říká: „Jiejii", naší chůvě Euli (slečně Rudolfsové) říká „Eu-eu", „Wichti" od jména „Wichtrei" našemu zahradníkovi a řidiči, z Liesel později udělá „Gisi" – velká Lisi, na rozdíl od Renatiny nejlepší kamarádky, malé Lisi (Liesel Jüptner). Mně teď říká „Mutti", změnilo se to z „Mamii" na „Pampi", čímž mě chce vždycky pozlobit. Vběhne do zadního pokoje a volá „Pampi" a já se za ní rozběhnu, jako bych se na ni hněvala. Ona zavrtí hlavou: „Mein Pampi," a se silným důrazem: „Mami!" Jen co se vzdálím, začíná hra nanovo.

O Vánocích začíná oslovovat jmény, „Kurt", „Gertin", „Jabert" na dědečka – mně momentálně jedině „Mutti-Tutti" nebo jen „Tutti". Po dlouhou dobu bylo vůbec její hlavní zálibou překrucovat jména. „TukaTuka, Maxi-Papi". Žádná podivná slova se v její teď už správné větné stavbě neobjevují. „Eigentlich", „vielleicht".

Stejně jako na začátku druhého roku se na všechno ptá „Wo?" (Kde?). Pak přišlo „Warum?" (Proč?). Teď už to hrozné období vyptávání zase trochu ustupuje. Od dvou let zpívá. „Ein Männlein steht im Waldi, ganz still u. ganz stumm, es hat ein papajotes (purpurrotes) Mäntilein um!"

Volá: „Liti, liti." Já na to: „Myslíš snad mě?" „Jo, jo, tebe!" Jinak jí všechny věty jdou dobře, jen pády hlavní věty neovládá: „Hol mir den Wagen!" (Dojdi mi pro auto). Všechno je rozkaz. „Mutti, jetzt kannste gehen, sonst kommt die Omi!" (Mami, už můžeš jít, jinak přijde babička!)

Pije způsobně u stolu, miluje cukr a jí ho hrozné množství! Po lžičkách!

Zvláštní potěšení jí poslední dobou činí někoho bouchat. Přes spaním mi zaujatě šeptá do ucha: „Já bych tak ráda namlátila Ossimu Bönschovi." Ale malé děti se přece nesmí bouchat. „Jen mu pořádně namlátit, mami!" Maxi-Paulimu vlepí pěknou facku, když ji nechce pustit do dveří.

Podává se jablečný kompot. Renate objevila sympatickou funkci cukřenky. „Mami, chtěla bych si to trošku posypat cukrem!" Tatínek na to: „Ne, teď ne!" Vezme si tedy slánku a posype si kompot solí. „Bibi, nesypej si na to sůl." „Tak mi dej cukr!" řekne s žadonícím pohledem. V rámci výchovy jí domlouvám. Ona pofňukává a nimrá se lžičkou v kompotu. Tatínek: „Tak to jíst nebudeš?" Zavrtí hlavou. Vezme jí talíř. Ona ho přidrží: „Takže to jíst budeš?" „Chtěla bych na to trochu cukru! Tak bude to?"

Kurt poklepe prstem na stůl. Ona s nechutí pár kousků sní. „Vidíš, jak pěkně to jde?" Hned nato: „S cukrem je to ale lepší!"

V průběhu hovoru škádlí Kurta větou, že jí chce prodat cikánům. „Pojede maminka s námi?" „Ne, vezmu tě s sebou sám." „Já ale nechci." „Zlobivé děti atd. ..." prohlásí Kurt. Odejde od stolu se slzami na krajíčku, posadí se na houpacího koně zády ke Kurtovi a řekne: „Vůbec s tebou nechci mluvit," a jde do kouta. Kurt zabručí: „Ale jdi, přece nebudeš trucovat. Tatínek si dělá jenom legraci." „Já ale nechci dělat žádnou legraci! Ani trochu!"

Ve třech letech váží 18,30 kg a měří 100 cm. V dubnu váží 19,60 kg a měří 102 cm.

Její nohy do X se díky masážím a cvičení výrazně srovnávají. Byla dvakrát očkovaná, jednou v létě 1930, podruhé v létě 1931, v obou

případech bez pozitivního úspěchu (sic! – pozn. překl.). Poslední
návštěva u očního lékaře: propíchnutí slzného kanálku do nosu.

Gertie und Renate im Freibad Wekelsdorf

20. června 1932

Bibi nakreslí klackem do písku písmeno „B". Z několika mincí dokáže
vybrat korunu. Ptá se, jak se dělá káva, jak se dělá kakao, jak se dělá
louka. Když jedeme kolem louky, kde se pasou krávy, tak se ptá, jestli
to všechno přijde do stodoly.

březen 1933

Páté narozeniny jsou za námi: Renate je velká a hodně baculatá. Po
tělesné stránce je zdravá, dokáže postavit most, unese stejně starou
Traudl Bittnerovou. Miluje hlavně dřevěné hračky! Dokáže psacími
písmeny napsat s naprostou jistotou své jméno, umí počítat, bez
problémů řeší početní úkoly. Letos v zimě jsem se jednou vzbudila,
ona si pro sebe drmolí a já poslouchám: 2 + 3 = 4, 5 − 6 = 11 atd.
Někdy chybně, někdy správně, ale neúnavně. Říkám: „Chudáčku."
Ticho. Pak se ptá: „Co?" „Že už teď musíš počítat!" Znovu ticho a po
chvíli počítá dál.

Má velký pozorovací dar. Hodně na mě visí a také na lidech, které mám ráda! Už dlouho s ní musím spát v jedné posteli. Tedy i večer, když je manželova polovina prázdná. K ránu volá: „Mami, pojď ke mně do příbytku!" a já si vklouznu do jejího „příbytku". Pak dál blaženě spí nebo si hraje. Prstíky jsou psi, nebo děti a maminka, nebo je ona sama lvice a já jsem mladý lev. Nebo je ona srnka a já lev, a když zařvu, jemně uchopí moji hlavu: „Viď, že mi nic neuděláš? Mám tě tam strašně ráda!" Večer, než se jde spát, si za závěsem hraje nadšeně na koníčky. Každý večer dokola týmž způsobem.

Přes den si hraje jen na vodníka, na žabky, na černého muže nebo na školu. Hodně si kreslí. Nejraději maluje zvířata: koně či psy nebo zajíce. Dělá je také z modelíny. Když večer nejsem doma, smotá si moje pyžamo, vezme si ho do postele a přiloží si ho k obličeji jako náhradu za maminku.

V létě koupaliště. Kamarádství s Ottem. Jednou z ničeho nic ukáže na tajemné místo na těle: „Co to tam máš?" nebo „Svlékni se, chtěla bych tě vidět nahého!", ale hned je to zase zapomenuto.

Velmi se kamarádí s Trudi Hoffmannovou a Traudi Bittnerovou. Nejraději a nejblíž ze všech má nadále k Liesl Jüpnerové. Dělí se se mnou o každý bonbon. Je hodná a přítulná. Ale jen ke mně a ke Gretel Ringelové. Často, když je na ostatní zlá a Gromi a Euli ji vyhodí, tak jí to vyčítám. „Jenže já mám nejradši tebe."

Říkám Kurtovi: „Zůstaň přece tady!" On se vzpírá. Vtom se ozve z kouta hlas Dully (= Renate – pozn. překl.): „Jiný tatínek by určitě zůstal!"

Když ho prosím, aby zůstal, tak oponuje: „Máš přece mě, mami, já u tebe zůstanu! Bude lepší, když on zase odjede." Nebo: „Kdy pojede pryč?"

Velké nadšení, když se nám narodí štěňátka. Cucají noční košili, to se musí napodobit. Holčičky se posadí mezi ně a také cucají noční košili. Po Vánocích překvapivě přijel Otto a zabydlel se u nás. Dulla: „Ottova maminka si bude dělat starosti, kde že ten Otto vězí, a on přitom bude u nás. Až bude mít Otto ženu, už k nám nebude smět tak často jezdit!"

Broukám po ránu nějakou melodii a Dulla vždy s naprostou jistotou uhodne, co to je. „To je to, co zpíváme u vánočního stromečku." Od

jejích čtvrtých narozenin vyžaduje, abychom jí říkali jedině „Dulla".
Následující rozhovor: „Jak ti říkala tvoje maminka, když jsi byla malá?
„Gertie". „A tvojí panence?" „Dulla!" „Já se chci taky jmenovat Dulla!"
a od té chvíle jí všichni musí říkat Dulla, jinak jí musí zaplatit korunu. I
na dort a na kapesníčky se musí psát „Dulla". Všichni si na to rychle
zvykli. Nikdo už si ani nevzpomene na „Bibi" (to byla její dřívější
přezdívka).

K obědu toho moc nesní. Já: „Ráda bych věděla, proč dneska nic
nejíš."
„Já přece nic jíst nemusím. Nechci být tak velká jako tatínek, chci být
taková jako ty!"

K Vánocům dostala šlapací a jezdicí autíčko, tak neustále jezdí
popředu i pozadu. Jednou to předvádí Kurtovi. Objede kolem stolu,
Kurt se nedívá a pak řekne: „Pojeď ještě jednou!" „Došel mi benzín!" a
odtlačí auto do garáže.

Nejkrásnější byly Vánoce, stromek se spoustou světýlek. Konečně se
naučila dobře jezdit svým autíčkem a jednoho rána mě budí: „Dneska
se musím naučit jezdit tvým autem." „To se smí teprve od osmnácti."
Přesto mi přijde naproti až k lékárně a chce nasednout a řídit.
Vysvětluju jí, že by to policie nedovolila. „Ale mami, já to už všechno
umím, už tolikrát jsem dávala pozor, jak to děláš rukama a nohama."

Babička Hamplová z Trutnova posílá punčochy, které jsou Renatě
příliš malé. „Řekni babičce Hamplové, že sem má častěji jezdit, aby
věděla, jak jsem velká a aby pořád neposílala moc malé věci."

Euli (Gertina chůva) jí nakukala, že nočního hlídače se člověk musí
bát. Jelikož je to neznámá osoba, tak budí respekt. Stačí říct, že jde
noční hlídač, a všechno jde jako na drátkách. Ale pomalu začíná mít
nočního hlídače prohlédnutého. Jednou jsme jeli do Trutnova a měla
s námi jet i Gromi. Na poslední chvíli ale nejela. Na zpáteční cestě,
když Dulla seděla jako vždy vedle mě: „Gromi s námi měla přece jen
jet, zdrželi jsme se dostatečně dlouho." Euli: „Ale ona prostě nechce a
vždycky si pro to najde nějaký důvod." Dulla hlasitě prohlásí: „Tak
prostě řekneme ‚Gromi, jde noční hlídač'!"

Vůbec je taková bystrá, má vynikající paměť a opečovává Traudl
Dillnerovou, i když je o tři čtvrtě roku starší. Především u jídla a při
hovoru se cítí mít vůči ní navrch.

srpen 1935

Dulla měla od 14. do 25. července angínu. Zotavuje se pomalu.
25. července jí vypadl první zub, levý horní řezák. Hned se pod ním
objevil nový s křivými drobnými vroubky.

Od té doby, co byla nemocná, ráda a s velkým zápalem vyšívá zcela
samostatně dečky – křížkový steh, přední steh, šikmý steh.

2. září

Dnes je její první školní den. Je velice rozrušená, ale navenek
naprosto klidná.

Do školy jsme přišli dost pozdě, od dveří třídy jde sama. Posadí ji do
poslední lavice vedle nějakého cizího dítěte. Je hrozně vážná, trochu
bledá, ale ovládá se. Ve škole z ní opadne všechen strach. Škola je
mnohem lepší než být doma.

Večer se rozhodne, že odklidí panenky, protože už je zralá spíš na
školu: „Ať si s nimi hrají jiné děti, mně už se vůbec nechce.“

Byli jsme 10 dní u Baltu (Baabe na Rujáně). Dulla povídá: „Baba!“
Vyloženě si tam odpočinula, zesílila, měla radost z vln! „Mami, když
se směju, hrozně mě bolí na prsou!“ Já na to vyděšeně: „Uvnitř, nebo
zvenku?“ Přidrží si ruku na žaludku.

Nechám Renate půl dne doma. Vůbec z toho nemá radost a v jednu
hodinu odpoledne pohlédne na hodinky, že by šla ráda zase do školy.
Místo toho si krásně hraje na vaření. Svoji školní brašnu, kterou
samozřejmě stokrát vyklidí a naklidí, udržuje ve vzorném pořádku.
Jdeme spolu pyšně koupit první sešit a první tužku. Nezapomene, že
musí přinést dvacet haléřů na kreslicí blok. „Uvidíš, že na to spousta
spolužáků zapomene, Gertin!“ (Už nějakou dobu mi říká Gertin!)

Podivuje se nad zlobivými dětmi. První hodinu dnes odučil pan farář.
Hodně křičel a děti… (deník je v těchto místech nečitelný a
nesrozumitelný – pozn. překl.).

6. prosince 1935

Její velké nadšení ze školy ji přešlo, je jí milejší do školy nejít, bývá raději nemocná, a když se jí podaří vymámit si jeden volný den, je jí to po vůli.
Od 25. října měla plané neštovice, ale nijak výrazné. Pět dní byla na lůžku, po deseti dnech ve škole. 4. listopadu jí za velkých protestů a hlasitého řevu vytrhli první řezák, nad kterým už rostl druhý zub. Je z ní dvouzubka!

14. listopadu dostala zánět ústní sliznice. Bez horečky, ale velice nepříjemný. Má strupy na rtech a v nosních dírkách. 26. jde znovu do školy. S kolektivem se moc nedruží, jen s Traudi Bittnerovou ji váže velké přátelství. Ale Dulla chce většinou všechno dobré jen pro sebe.

Váha 4. prosince, tedy v 7 letech: 28,30 kg

Výška 31. prosince 1935: 128 cm

leden 1936

Byli jsme na horské túře. Dulla nemá pěší túry ráda. Musela šlapat tři čtvrtě hodiny vánicí, bouří a po zledovatělé cestě od „Teichmanna" k „Hampelově mostu": „Já už do hor nikdy nejdu."

Vánoce až leden 1936

Zničehonic našla zálibu v tom, vyhledávat v knihách psaných tiskacím písmem známá slovíčka, jak je „und", „das" apod. Během týdne se u ní rozvine záliba v samostatném psaní slov. Pomaličku si slovo předříká a pak ho písmenko po písmenku napíše. Třeba na dopise pro Lili Betlenovou: ,, ich danz für die Kate" (významem „děkuju za dopis" s pravopisnými chybami – pozn. překl.). Ale je to přece velký pokrok. Počítání, čtení: to jsou teď ty nejkrásnější hodiny!

Jednou jde včas na kutě. Aby nemusela jít do školy, bolí ji hlava. Kurt není doma. Nečekaně přijede, najde nás obě v posteli a prohlásí: „Buď ráda, že nejsem tvoje matka, to bys do školy musela a nesměla zůstat doma."

Jsme u Stenzlů v Röwersdorfu (dnes Třemešná – pozn. překl.; bydlí tam Gertina sestra Jutta se svými třemi dětmi Wolfgangem, Walterem a Gitti – pozn. nakl.). Toni, muž mojí sestry, Renatu zve, aby s ním jela do Schönau (dnes Šonov – pozn. překl.). Ptá se mě, chvíli předtím, než Toni vyjde z pokoje: „Mám jet, co myslíš?" Já: „Ale ano. Přece se nebojíš strýčka Toniho?" Ona: „Ne, ale ke svým dětem je taky přísný. Já myslím, že jsou všichni tatínkové ke svým dětem přísní. Ale vůči mně přece nemá žádnou povinnost být přísný!"

Babička Wihanová (Johanna Faltis) jí u stolu napomene, aby seděla klidněji. Ona mi potom řekne: „Víš, už už jsem jí chtěla říct, že i ona sama provozuje pořád nějakou činnost!" Přitom napodobuje pohyby, zvedá se, oprašuje stůl atd.

Nadšení ze školy je dočista to tam. Nejhezčí je to doma. Hodně si hraje s panenkami, uklízí si pokojík. Jezdí na koni, stará se o morčátko. Velký nepořádek. Oblíbené školní předměty: kreslení, ruční práce a čeština!

» WIT I K O «

20.II.1929.

An Frau G.Hampel-Falti

Wekelsdorf.

Sehr geehrte gnädige Frau!

Ich danke Ihnen vielmals für Ihre Zusendung
der Gedichte.Ich habe Sie bereits durchgesehen.Sie sol-
len nicht länger mit all den schönen Sachen im Hinter-
grunde stehen bleiben.Ich werde gleich in dem nächsten
Hefte etwas abdrucken,den Groszteil aber für ein Sonder-
heft aufheben,das den jungen un d den noch unbekannten
sudetendeutschen Autoren gewidmet sein soll.Für dieses
Heft würde ich Sie auch um eine kurze Beschreibung
Ihres Lebens und bisherigen Schaffens bitten.Dasz
Sie auf ein Honorar verzichten,dafür danke ich im Namen
der Zeitschrift bestens.

Es ist schade,dasz ich nicht früher von Ihrem
Schaffen erfahren hatte.Mein Buch »Die sudetendeutsche
Dichtung in den letzten 50 Jahren« ist leider schon
heraus.Sonst hätte ich Sie noch gerne darin gewürdigt.

Ich darf wohl hier die besten Wünsche für Ihr Wohler-
gehen anknüpfen.

Ich bin Ihr Ihnen sehr ergebner

Bitte geben Sie schöne Grüsze
an Kurt weiter

„WITIKO"

20. 2. 1929

pro paní G. Hampel-Faltis, Teplice nad Metují

Vážená milostivá paní!

Mockrát Vám děkuji za zaslání Vašich básní. Už jsem je pročetl. Neměly by se vší svou krásou zůstávat nadále upozaděny. Něco z nich otisknu hned v následujícím čísle, většinu si však ponechám pro speciální číslo věnované mladým a ještě neznámým sudetoněmeckým autorům. Pro toto vydání bych Vás poprosil ještě o krátký medailonek s několika informacemi o vašem životě a dosavadní tvorbě. Že se vzdáváte nároku na honorář, za to Vám jménem časopisu vřele děkuji.

Je škoda, že jsem se o Vaší tvorbě nedozvěděl dříve. Má kniha „Die sudetendeutsche Dichtung in den letzten 50 Jahren" (doslova „Sudetoněmecké básnictví v posledních 50 letech" – pozn. překl.) už je bohužel vydaná. Jinak bych Vás do ní milerád zařadil.

Přeji Vám, ať se Vám dobře daří.

Váš oddaný

/nečitelný vlastnoruční podpis/

Pozdravujte ode mě prosím Kurta

Gedichte über das menschliche Dasein

April, 1926

Im Frühling

Weiß ich denn noch, was mir geschieht?
Wolke, die zieht und der Regen entstürzt
– Baum, der begrünt und den Frühling
entquillt – Vogelkehle, aus der süßestes
Lied strömt.
Allen geschieht, geschieht das Wunder!
Mir auch – auch mir geschieht Wunder: ich
diene dem Ewigen!

Na jaře

Vím já snad, co se se mnou děje?
Mrak po nebi pluje a déšť zemi skrápí
– strom zelená se a jaro je v rozpuku
– z ptačího hrdla klokotá vábný
libozvuk.
Všude děje se, děje se zázrak!
I mně – i mně se děje zázrak: i já
slloužím věčnosti!

Erkenntnis

Ach, wie oft umgibt mich Dunkelheit, ach,
wie oft umschließt mich Menschenleid!

Herz, erfülle dich mit Sonnenlicht, Klarheit,
Ewigkeit, die uns gebricht!

Dann erkennst Du: Über Menschenwirrsal thront Wahrheit, sowie
hinter Wolken ewige strahlet Klarheit!

Poznání

Ach, kolikrát obklopí duši mou tma tmoucí, ach,
kolikrát jímá mě trýzeň vroucí!

Srdce, naplň se světlem, co slunce dává, jasem,
věčností, jíž se nám nedostává.

Pak uvidíš, že je to pravda, kdo nad lidskou změtí trůní, a
zpoza mraků line se záře z nekonečných slunných tůní!

Ganz von Gegenwart erfüllt...

Nicht mehr Pläne und Zukunft wogen in dieser Brust. nicht der
Gedanke: dann Dieses und Dieses und Dieses, nein! – ganz
von Gegenwart erfüllt, zum Bersten angefüllt von Rieseln,
Leuchten, Zweiggesicht, Wolkenbild, Windgesang, von dem
Glanz einer Schläfe, dem lässigen Bogen des Handgelenkes,
der schwingenden Stimme, dem Kräuseln der Lippen und Duft des
Atems, den Sprung des Hundes und Gleckenlaut des Spechtes,
ganz erfüllt von tausend, abertausend Herrlichkeiten ist das Herz
des Liebenden, Anbetenden, Knieenden.

Dočista zalito přítomnem...

Žádné plány a vyhlídky netíží víc tuto hruď,
žádná myšlenka: pak ono a ono a ono, ba ne! –
dočista zalito přítomnem, zalito k puknutí
zurčením, svitem, kýváním větví, obrazem z oblaků, zpěvem větru,
odleskem na spánku, oblostí tvého zápěstí, záchvěvem hlasu,
pohybem rtů a vůní dechu, výskokem psiska i klepotem datla,
kypící tisící, tisícerou krásou je srdce toho, kdo miluje, kdo
zbožňuje, kdo pokleká.

Knieender, auf:

Dann aber auf! Auch stehen ist Lust – Stehen
und empfangen.
Empfangen die unzähligen Wellen und Schwingungen anderer
Seelen, anderer Körper!
Oder ausströmen, ausströmen all das gesammelte Gut, die
Worte, Blicke der Liebe – oder Tränen zerpresst zwischen
den Lidern.
Schmerz, im Halse erwürgt, Enttäuschung, zerbissen wie giftige
Schlangen,
und Mutlosigkeit, Verzweiflung, an dem Felsen der Gewissheit
zerschmettert, –
all das ausströmen – da es jetzt Licht und Wärme geworden ist,
ausströmen in die geöffnete Seele, in das unendlich
Unbekannte, die Strahlen der ewigen Herrlichkeiten durch mein
Wesen gebrochen.

Kdo klečíš, povstaň:

Tak přece povstaň! I stát je radost – stát
a přijímat.
Přijímat nespočet vln a kmitů jiných
duší, jiných těl!
Nebo nech proudit, ven proudit vše, co v tobě tkví,
slova, pohledy lásky – nebo i slzy, co derou se
zpod tvých víček.
Bolest rdoušenou v krku, zklamání jak uštknutí jedovatých hadů
a sklíčenost, zoufalství, co tříští se o skálu jistoty, – nech je ze
sebe proudit – změní se v světlo a teplo,
vplynou do rozevřené duše,
do nekonečného neznáma,
ty paprsky věčných krás
zlomené mým bytím.

Weckelsdorf, 16.6.1926

Dunkle Kämpfer

Dunkle Kämpfer im Tale, unerkannt,
fremd unter Fremden. Drüben
schon grüßt das fahle Frühlicht des
Todes!

Bange Gewissheit tief innen
lichtet verwirrte Pfade, über
die unsere Tage rinnen,
rinnen zum Tode!

Kampf, den wir alle kämpfen,
– Streiter des Lebens – Sieg, den
mit Herzblut wir dämpfen, Sieger im
Tode!

Temní rytíři

Temní rytíři v zbroji, neznámí,
cizinci cizí.
V údolí vstříc již jim brojí úsvit
smrti!

Úzkostná jistota hluboko v nitru klestí
si spletité stezky, přes ně pak naše
dny v mrazivém jitru řinou se v ústery
smrti!

Chceme být v životě prví,
– válčíme v boji –
vítězství hasíme krví, my
vítězové v smrti!

Der Sinn

Die Frage.
Verlorener Sinn, den zur Gestalt zu formen ich
vergeblich ringe.
Gewissheit, Mittelpunkt, Erkenntnis, aus der ich
alle meine Lieder stärke, die mich erfüllt, in der
ich ruh, aus der ich alle meine Werke tu.
Ach, dass nur doch einmal übernächtig dringe,
wie Blitz aus mir Geschwisterseele treffe Der
SINN! Der SINN für alle klar erklinge.

Die Lösung.
Ich las, ich mach.
Jetzt könnt ich ihn erlangen – da: Dunkelheit,
und seine Formen blassen, verschwimmen.
Ein Klang! Jetzt greif ich die Gestalt – doch
schon hat Schein und Schall irre Gewalt.

Nachts schrecke ich anher:
Nun schlägt mein Ausdruck schreckhaft an mein Ohr- Ist
wieder Täuschung, noch nicht klar genug.
Dringt mir der SINN durch altgewohnten Trug.

Bis endlich Lösung sich mir zeigt:
Aus meinem Sein wird gelöst der SINN sich künden –
bin nur Gefäß – drin zur Gestalt sich runden wird das
Ewige. Ich kann mit Kraft und Willen nicht mehr als:
dienen.
Stumm die Lippen und das Haupt gesenkt.
Bis Sieg und Tod mein Brennen schon stillen.

Teplice nad Metují, listop 1926

Smysl

Otázka.
Ztracený smysl, jemuž se marně snažím
vtělit tvar.
Jistota, středobod, poznání, z nějž
čerpám sílu pro své písně, jež mě
naplňuje, v němž spočívám, z nějž vše
do svojí tvorby dám. Ach, kéž by
pronikl tou noční trýzní, jako blesk ze
mě trefil spřízněnou duši. SMYSL!
SMYSL pro všechny ať vyzní!

Řešení.
Četla jsem, konám. Přijdu
na něj teď a
tady: temnota a jeho tvary blednou,
splývají. Ozývá se tón! Již za
tvarem pílím – leč zdání a zvuk
mají mocné síly.

V noci se děsím: výraz mi zběsile buší
na můj sluch – Je to opět klam, žádné
jasné znamení.
Mísí se SMYSL a staré známé mámení.

Než se mi konečně zjeví rozřešení: Z mého bytí
odpoután ohlásí se SMYSL – jsem jen nádoba – v ní
tvarů oblých nabyde věčnost. Vzepnu veškerou vůli a
sil svých pár a činit mohu jen jediné: sloužit. Rty
oněměly a hlava poklesla.
Než vítězství a smrt umlčí můj žár.

Die Seele aber ist unverletzlich

Das Herz, das oft im nahen Leid gebracht,
im Kampf der Hier-Welt fröhlich ist`s belebt!
Von Zuversicht und Gewissheit ganz, dass
kein Geheimnis, Krankheit, Täuschung,
vermag es zu versehren, nun und ja,
verschließt es gleich der heiligen Monstranz
das Höchste.
Wissen: nie verloren zu sein, in aller Welt der
wahren Heimat Schein, schenkt frohen Glauben,
schwersten Sieges Kranz.

Leč duše je nezranitelná

Srdce, jež leckdy snadno strženo je v trýzeň,
v boji světa vezdejšího radostně pookřeje!
Nadějí a jistotou naplněné, že žádné
tajemství, choroba či klam nedokáže uštědřit
mu šrám, a tak tedy před svatou monstrancí
do zajetí ženou to nejcennější.
Vědomí: že nikdy nezbloudíme, v širém světě všude
doma že být smíme, daruje radostnou víru, nejtěžším
vítezstvím ověnčenou.

Narren der Welt

Wir stehen am Weg und bieten Herzen aus: „Ein
Herz! Ein Menschenherz! Kommt her und staunt!" Es
zieht die Schar vorüber, breit und dicht.
„Ein Menschenherz! Es blutet, -seht-und lacht!" Und
manche bleiben zögernd stehn und schaun.
Dann schütteln sie den Kopf: „Das war nicht schön gemacht!" Nur
wenig Brüder greifen stumm ans Herz.
War`s nicht ihr eigenes, das dort erbebt und zuckt?
Und tanzend satten Menschen Lust, Zerstreuung bot?
Die meisten achten`s nicht und gehen vorbei.

„Ein Herz! Ein Menschenherz! Kommt her und staunt!" Wir
stehen am Weg---gekreuzigt-- euch zur Schau!

Klaunové světa

Stojíme na cestě a dáváme srdce všanc: „Srdce!
Lidské srdce! Přistupte a žasněte!" Kolem táhne
zástup, široký a hustý. „Lidské srdce! Ono krvácí, –
pohleďte a smějte se!"
A někteří se váhavě pozastaví a hledí.
Pak zavrtí hlavou, zneuznání na klauny snese se!
Jen málo bratří se němě chytí za srdce.
Nebylo to snad jejich vlastní, jež se tam zachvívá a škube?
A svým tancem skýtá sytým lidem zábavu a povyražení?
Většina si ho nevšímá a jen okolo projde.

„Srdce! Lidské srdce! Přistupte a žasněte!"
Stojíme na cestě – ukřižovaní – vám na odiv!

aus: *Ostböhmische Heimat*, 1929

Mit einem Kalender

So ruht das neue Jahr in meiner Hand: mit
weißen Blättern, schwarzen und roten Zahlen Ist
alles fern und unbekannt,
verschlossener als die Nuss in tausend harten Schalen,
wächst uns entgegen doch mit jedem Pendelschlag
und birgt viel Lust und ungeahnte Qualen. „Du musst",
dich zwingt in seinen Arm der Tag, du musst dich
fügen, musst dem Strom dich neigen, wenn du auch
zitterst, was erbringen mag, kein Mitleidsengel wird
dein Schicksal zeigen und führen dich! Du gehst in
Nacht und Schweigen.

O klage nicht! Ein gütiges Geschick verhüllt, was du
nicht tragen könntest, deinem Blick!
Nur einzig Wunsch und Vorsatz bleiben dein:
Mag jedes Blatt erfüllt von Leben sein und
jedes ernsten Ringens Stempel tragen, mag
oft Erkenntnis flammend in mich schlagen und
jeder Tag ein Schritt zum Ziele sein, dass wir
gemeinsam immer aufwärts wandern, einer
getragen und ergänzt vom andern! otištěno v
časopise *Ostböhmische Heimat*, 1929

S kalendářem

Tak spočívá nový rok v dlani mé:
ty bělostné listy, čísla černá a červená. Vše
vzdálené a neznámé,
skrytější než jádra ořechů v tisícerých skořápkách sevřená,
s každým kyvadla hupem rok v ústrety nám kráčí a radost i
netušená muka v sobě má.
„Ty musíš," do svého náručí den tě hrubě tlačí, ty
musíš se poddat, plout, jak proud ti káže, i když
se chvěješ, což stát se ráčí, však žádný soucitný
anděl osud tvůj ti neukáže a nebude tě vést!
Člověk jen potmě a mlčky kráčí.

Ó, neběduj! – Dobrotivý osud, jejž nemohla bys nést,
pohledu tvému zahalen je dosud! Jen touhy a úmysly
zůstanou v tvé moci: Nechť každičký list životem se plní
ve dne v noci, punc lítého zápolení v sobě nese, nechť
poznání ve mně vzplane a mnou třese a každý den je
krokem k cíli, k němuž společně stoupáme krokem
tuhým, jeden druhému oporou a doplněn tím druhým.

aus: *Ostböhmische Heimat*, 1930

Welch unbekannte Tiefen

Welch unbekannte Tiefen
dehnen unter meinen Schritten
ihre dunklen Schluchten aus?
Welche Stimmen, die einst riefen,
welche Liebe, die durchlitten, ruht
in meinem Schlaf sich aus?
Welch unbekannte Stürme,
schlummern unter meiner Ruhe,
deren Ursprung ich nicht kenne?

Welcher Zukunft Schattenstürme
Wachen aus der Sternenruh, die
ich machtlos Schicksal nenne?

Welche unbekannte Stärke lässt
mich leben, lachen, bauen?
Welches übermächtige Vertrauen
gibt mir Kraft zu frohem Werke?

otištěno v časopise *Ostböhmische Heimat*, 1930

Jaké neznámé to hlubiny

Jaké neznámé to hlubiny
rozprostřou pod mými kroky svoje
temné rokle?
Jaký hlas to volal, ne jen jediný, jaká
to láska, co trpěla by roky, spočívá v
noci v mém spánku? Jaké neznámé to
bouře dřímají si za mým klidem, o
němž nevím, odkud se vlastně bere?

Jaké budoucí to bouře stínů budí se z
hvězdného klidu, jehož já bezmocně
nazývám osudem?

Jaká neznámá to síla nechává mě
žít, smát se a budovat? Jaká
přemocná to důvěra dává mi sílu do
radostného díla?

Mein Herz erschrickt

Mein Herz erschrickt, wenn es dich denkt, so
sehr bist du ihm Schicksal schon geworden.
Vielleicht ermisst du nicht, dass sich dir schenkt!

Ein ganzer Mensch. Du könntest dich befreien,
verschließen wollen dieser Last! Doch schon verletzt wie
Todesbotschaft, dies nur denken mein.

Gefühl. Du lebst ja, in mir jetzt, wie konnte
ich denn sein, gehst du aus mir?
Wie sehr dein Wesen in mich eingeätzt

und mein geworden ist, sagst du es mir? Und wie
dies Dir-verbunden-Sein mein Leben lenkt,
wie deine Stimme, selbst dein Denken klingt in mir,

dein Fernsein Tod, dein Nahsein Glück mir schenkt-
so bist du sehr mir Schicksal schon geworden, mein
Herz erschrickt, wenn es dich denkt.

Mé srdce se děsí

Mé srdce se děsí, když na tebe myslí, tak
moc stal ses mu osudem.
Co tobě dáno, neumíš uchopit svými smysly.

V celém svém bytí. Svobodu chceš stůj co stůj,
chceš zbavit se toho břemena! Byť zraňuje jako
poselství smrti, pomyslíš-li na pocit můj.

V mém nitru žiješ, tady a teď, jak jsem jen
mohla být, vycházíš ze mě? Jak moc tvá
bytost do mě se naleptala, hleď,

a stala se mou nedílnou součástí?
Jak moc s tebou provázaná, až určuje to život můj, jako
tvůj hlas, ba i tvé myšlení ve mně zní.

Jsi daleko, pak smrt, jsi nablízku, pak štěstí prostoupí mými smysly –
jak moc stal ses mi osudem.
Mé srdce se děsí, když na tebe myslí.

Das Instrument des Künstlers

Wenn ich ein Instrument bin, bist du Meister! Du
pfeifst auf mir, wie ein Künstler spielte
auf seinem. Dienen dir die Geister

des Himmels und des Abgrunds? Meine Saiten erklingen
schon, wenn deine Hand mich fasst.
Sei gnädig, Meister! Wolltest gütig leiten

mein Lied! Ihr Finger lasst so wild nicht tönen diese
Saiten, allzu sehr gestrafft. Wie leicht zerspringt im
Übermaß des Klanges ihre Kraft!

Geliebte Hände, Werkzeug, Antlitz meines Herrn, wie
Atem in den Mund, wie Duft zur Blüte, Licht zum Stern
gehör ich euch, seid ihr mein Teil, vertraut

von Urbeginn! Von Gott gedacht nur
füreinander sind wir. Stimme ohne Laut
Du ohne mich, ich------Instrument gemacht

für deinen Geist. Ich kann nie mehr erklingen,
wenn du mich weglegst. O, lass dir genügen
an diesem Spiel. Wie edle Geigen singen, so
solls deinem Denken, deinem Willen fügen!

Nástroj umělce

Jsem-li já nástrojem, pak ty jsi mistrem!
Brnkáš si na mě, tak jako umělec hraje na
svém. Slouží v nitru tvém bystrém

duchové nebes a pekelných hlubin? Sotva dotkne se
mě tvá ruka, ozvou se mých strun zvuky. Buď
milostivý, mistře! Mé písně se

chtěj chopit! Leč nenech dotek své ruky moc divoce rozeznít
všechny mé struny, příliš napjaté by byly. Jak snadno
prasknou přemírou zvuku, když přepnou své síly!

Milované ruce, nástroj, pána mého tvář jako dech do úst,
jak vůně ku květu, k hvězdám zář patřím k vám, vy jste
mou součástí, známý mezi všemi těmi

od samého počátku! Bůh stvořil nás jen
jeden pro druhého. Hlas němý
ty beze mě, já – jsem nástroje hlas

stvořený pro tvého ducha. Sevřený strastnou bázní, že
navždy umlknu, že mě odložíš. Vystač si aspoň z půli s
touto hrou. Jak krásná melodie houslí když zazní, tak
měl bys myslet, poddat se své vůli!

Die Zeit ist um

Die Zeit ist um.
Du glaubst es nicht:
Die Schicksalsuhr schlägt: „Deine Zeit, die
Zeit für dich, für dich ist um." Doch
plötzlich knittert dein Gesicht, der Morgen
hat nicht hellen Flug wie einst, es bringt
der Tag nicht neuen Mut, dein Denken ist
nicht kühn — nur klug; dein Werk gelingt
dir nicht mehr gut, und auch die Blumen
blühn nicht mehr am Fensterbrett, wenn
du sie gießt.
Der Knaben Blicke glühn nicht mehr; An
deinem Weg kein Glück mehr sprießt.
Dein Schlaf ist schwer, die Nächte kühl,
kein Sommertag ergreift dich schwül,
und Blitze leuchten nur noch fern.
Du fühlst noch alles – doch es schwand der Glanz.
Du liebst die Nacht! Still winket Stern an Stern – Und
immer mehr vergisst du Rausch und Tanz.
Die Schicksalsuhr schlägt. Deine Zeit, die Zeit für dich ist um!
Wie lange gehst du noch? Wie weit?
Die Uhr ist stumm.

Už vypršel čas

Už vypršel čas. Ty nechceš tomu věřit:
už hodiny osudu odbíjejí: „Tvůj čas, čas
pro tebe, pro tebe vypršel." Však
najednou svraštíš tvář, tvé ráno nemá
jasný vzlet tak jako kdysi, den nepřináší
novou odvahu, tvá mysl není smělá –
jen chytrá je; tvé dílo se nedaří přes
velkou námahu, ač zaléváš, už
nekvetou květiny na okenním parapetě.
Již v pohledu chlapců není žár jediný,
už neraší štěstí ve tvém světě. Tvůj
spánek je těžký, noci chladné, den
letní je parný, tvé tělo chřadne a
světla blesků už jen v dáli jsou.
Ty vše ještě cítíš – leč vyprchal svit. Miluješ
noc! Tiše mávají hvězdy černou tmou –
zapomínáš, co je opojení a tance kmit.
Už hodiny osudu odbíjejí. Už vypršel, vypršel tvůj čas!
Jak dlouho ještě půjdeš? Kam ještě dál? Teď
hodiny přišly o svůj hlas.

Gedichte über die Heimat

aus: Jahrbuch des deutschen Riesengebirgs--Vereines 1935

Abendliche Landschaft

Nebel und Rauch mischen sich fahl
Zu schweren Schwaden im schattigen Tal. Der
Berge stahlblaue Silhouetten heben sich höher
ins schweflige Gelb, sie drücken mit ihren
steilen Wänden die Nacht, das Dämmern ins
Tal hinein. Die Häuser verschwimmen, sie
lösen sich auf…
Farben verglimmen – verschluckt vom Rauch…

Nur oben am Berg ist noch Wärme und Glut!
Farben leuchten, die Sonne strahlt, gut wie
im Sommer! Winde – leichtbewegte Flut –
entgegen mir atmen aus warmem Feld, Acker
entbrennen im dunklem Rot.
Neben der Saaten meergrünen Schimmer, Bäume
mit zartem Geäst tragen den Himmel.

Aus dem Tal bin ich aufgestiegen,
stamme aus einem der dunklen Häuser,
aber die Höhe, die Sonne ruft mich! Ich
grüße die Höhe! Hier bin ich daheim.

Básně o domově

otištěno v ročence německého krkonošského spolku v roce
1935

Večerní krajina

Mlha a dým z širého okolí snáší
se těžce do stinného údolí.
Ocelově modré siluety hor do
výše se tyčí v sirné žluti, pěchují
svými příkrými svahy noc a
soumrak dolů do údolí.
Domy se rozplynou, pomalu zmizí...
Barvy se vytratí – pohlceny dýmem...

Jen nahoře na kopci je ještě teplo a řeřavý žár! Barvy
svítí, slunce září, žhne
jako v létě! Vítr potrhal zbytky mlžných cár
a dýchá mi naproti z teplého pole. Role
vzplanou v tmavém karmínu.
Jak zelená záplava vedle polí režných nesou
stromy nebesa na větvích svých něžných.

Z tohoto údolí já jsem vystoupala, pocházím
z jednoho ze ztemnělých domů, táhne mě
výšina, slunce mě volá
Buďte zdrávy, vrcholy! Tady jsem doma.

-aus: *Sudetendeutsche Monatshefte*, 1938

Mondnacht

Wie traumhaft sich das Tal im Mondschein weitet, wie
sich die wilde Welt im Silberlicht verklärt!
Du glaubst, so friedlich wie die Schäfchenwolken ruhen die
Menschenseelen.

Die weißen Nebelschwaden quellen aus dem Wald
und füllen mit Vergessen Tal und Hain. Versunken
– Wirklichkeit, grausamer Tag – nur weiches Licht
und milder Frieden!

O, selig stille Nacht, da endlich Hoheit einkehrt ins
arme Menschenhaus und Streit und Hass und Leid
und Sorge schweigen.

Sei ruhig, Seele, zweifle nicht länger, die Sterne leuchten
über dir. Streif ab dein irdisch Kleid – schon tauet
Gottesfriede dir die stille Nacht.

otištěno v časopise *Sudetendeutche Monatshefte* v roce 1938

Měsíčná noc

Jako ve snech se prostírá údolí ve svitu měsíce, jak
ve stříbřitém světle divoký svět se rozjasňuje! Máš
pocit, že klidně jako beránky na nebesích spočívají
lidské duše.

Bílé cáry mlh překypují z lesa a naplňují
zapomněním údolí i háje. Pohroužené –
skutečnost, mučivý den – jen něžné
světlo a vlahý mír!

Ó, blaženě tichá noci, konečně výsost
prostoupí chudé lidské bydlo a hádky,
nenávist, utrpení a starosti zmlknou.

Buď klidná, duše, už nepochybuj,
hvězdy svítí nad tebou. Svlékni své pozemské roucho – boží
klid se ti rozplyne do tiché noci.

Weihnachtsstern 1931

Weihnachtsstern, einsam, in dunkler Nacht, über
schlafendem Dorf und windvollem Walde wacht,
tiefer Schnee, von ferne Schellenklang und
Stille – Stille--…

Leiser friedvoller Weihnachtsgesang –
Heimkehrbotschaft—alte Friedenskunde fasst
mein Herz, segensvolle Stunde!

Heimkehr, Friede ist auch mir geworden.
Keine Sonne und kein Lenz vermochten, was
der helle Weihnachtsstern im Norden?

Menschenherz, in tiefster Nacht geboren,
Weihnachtsstern, in längster Nacht erschienen, habt
die heilige Sendung nie verloren!

Allen Menschen Heimkehr! Hat der Herr verheißen:
Gehe hin, du Stern, du Herz, verkünde ihnen.

Betlémská hvězda   1931

Betlémská hvězda, v temné noci, osamělá
nad spící vsí i větrným lesem bděla,
hluboký sníh, z dáli zvuk zvonků a všude
klid – klid...

Tichý a mírný zpěv vánočních koled – poselství
návratu domů – o míru dávná zvěst za srdce
mě chopí, žehnáním se nechám vést!

Návrat domů, mír prostoupí mě v každém bodě.
Snad slunce ani jaro nezmůžou to, co jasná
hvězda na východě?

Lidské srdce zrozené v tu chvíli, kdy
vyšla hvězda za nejdelší noci, své
svaté poselství nikdy neztratili!

Všichni lidé se vrací domů! Jak řekl Hospodin: Veď
je, hvězdo, přines jim zvěstování.

Fenster aus der Schloßkapelle

Gewiss

Im Baum erglänzt ein Frühlingsschein —
ein Frühlingsschein im Schnee! O,
lausche Ohr, vielleicht ertönt ein
Vogellied! Ein Vogellied im Schnee!

Am Himmel glänzt ein Rosenlicht! — ein
Rosenlicht im Frost!
O schlage, Herz, vielleicht entsprießt ein
Blütenzweig! Ein Blütenzweig im Frost!

Im Wasser träumt des Himmels Blau — ein
Himmel auf der Welt! O kämpfe, Mensch,
gewiss entringst du tiefes Glück---das
tiefste Glück der Welt!

No jistě

Když v korunách zajiskří jara zář —
zář jara zajiskří v sněhu! Ó, poslyš,
možná že snad zní už ptačí píseň!
Ptačí píseň v sněhu!

Když na nebi rozlije světlo růž — růž
světlo rozlije v mrazu! Ó, bij, srdce, třeba
vyraší větvička s květy! Větvička s květy v
mrazu!

Sní ve vodě svůj sen nebes modř —
modř nebes na tomto světě! Ó,
bojuj, člověče, štěstí si vymaníš, no
jistě – čiré štěstí na tomto světě!

Abendgebet   Oktober 1926

Bald ist es Nacht.
Der Abendstern ist schon erwacht.
Bald tauchst ins Dunkel du hinein, wirst
einsam und verlassen sein.

Noch singt die Amsel hinterm Wald, doch
Schatten steigen schwer und kalt, sie
drehen bis in deinen Traum, ergreifen
deiner Seele Raum.

Des Tage Tod uns bange macht. Wohl
dem, der morgen noch erwacht Und
wieder kann die Sonne sehn.
Bewahr` uns Gott vor Irregehn!

Dass Schuld uns nicht das Herz beschwer´
und Reue unsern Fried´ versehr´!
Bewahr´uns Gott! Bald ist es Nacht, wie
kurz ist unsere Erdenwacht!

Lass uns nicht schuldig werden, Herr!
All Unrecht fällt auf uns zurück, nur
Opfer wandelt sich in Glück! Doch
ohne Hilf´ ist recht tun schwer.

Wir sind gering und schwach und arm,
nimm uns, Gott, in deinen Arm, dass uns
die dunkle Nacht nicht schreckt!
Und gib, dass früh uns Sonne weckt!

Večerní modlitba říjen 1926

Hned padne tma.
Už Večerka ze sna procitla. Hned
vnoříš se do noci, temnoty pán, a
opuštěn budeš, zcela sám.

Kos zpívá ještě, zpěv jeho prozvučí celý les,
však stíny stoupají těžce, chladem se třes,
až vpadnou i do tvých snů, do niterných
duševních prostorů.

Skon dnešního dne strach budí v nás.
Ó, blaze tomu, kdo procitne zas a
znovu uzří slunce plamen.
Chraň nás před zblouděním, Bože, ámen!

Kéž srdce netíží nám vina a do duše
nevstoupí lítost jiná! Opatruj nás Bůh!
Hned padne tma, náš život vezdejší
krátkého trvání má!

Ne, nenech nás hřešit, Pane! Vše
bezpráví ať na naši hlavu se snese, jen
oběť nám štěstí do života vnese! Bez
pomoci těžko se po právu stane.

Jsme nepatrní, slabí a bídné máme lože, do
náruče své nás vezmi, ó, Bože, jen temno
noci ať nevžene nám do duše mráz! Kéž ráno
nás probudí slunce zas!

Verkündigung

„Komm!"
„Da bin ich!
Bereit für Dich."

Was ich gesehen, erlebt
— was geschehen, alles
schmilzt und vergeht.
Einfach ist alles und klar.

Meerwind weht.
Ewig.
Bergbach rauscht,
Wolke schwebt, alter
Baum steht und
lauscht. Ob er wohl
ewig lebt? Niemand
sieht, wie er wächst.

Keiner sieht die Zeit.
Schmerz, Glück, Leid.
Wie Mondlauf zieht Auf und
ab — vorbei... Geschieht
nur das, was wir auch
sehen? Vieles muss uns
geschehen, vieles, das
größer ist als wir, älter als
du und ich. Eingetaucht in
den Strom fühlen, erfüllen
wir, du und ich, großes
Geschick!

„Komm!"
„Ich komme."

Ohlášky

„Pojď!" „Tady jsem!
Připraven pro tebe."

Co jsme viděli, zažili – co
se stalo, vše se rozplývá
a zaniká. Vše je snadné
a jasné.

Mořský vítr duje.
Věčně. Horská bystřina
šplouchá, mrak na nebi
pluje, starý strom stále tu
je a naslouchá.
Bude snad žít věčně?
Nikdo nevidí, jak
roste.

Nikdo nevidí čas.
Bolest, štěstí, žal náš zas.
Jak oběžná dráha Měsíce
neustále plyne – pryč...
Děje se jen to, co
vidíme?
Tolik se nám toho musí stát, tolik,
co je mocnější než my, starší než
ty a já.
Ponořeni do proudu,
cítíme, naplníme, já
a ty, velký osud.

„Pojď!" „Už
jdu."
Povídka
první

U nemocničního lůžka

„Nechci mluvit o tom, jak vznikl můj obraz!" řekla malířka. Znovu jsme se dlouze zadívali na obraz, který v přítmí večerního slunce a v nepřímém osvětlení ožil magickým životem.

Má nejlepší přítelkyně byla vášnivá jezdkyně a já jsem jednoho dne dostala telefonem zprávu, že při jedné lovecké vyjížďce spadla z koně a leží se zlomenou páteří v nemocnici. Není důvod se obávat, říkali mi, ale pro člověka překypujícího životem je to tvrdá zkouška trpělivosti – 12 týdnů ležet a pak se snad strastiplně znovu učit chodit. Na jezdectví už nikdo ani nepomyslel. Chtěla jsem za ní. Cítila jsem celým svým nitrem, že jí musím pomoct překonat zoufalé hodiny přemítání a bezesné noci, jež plodí obrazy budoucnosti.
Bylo nás tehdy několik blízkých lidí, přátel s jejich manželkami a já, a všichni jsme k ní měli niterný vztah, i když každý svým vlastním způsobem. Pronajali jsme si auto a vydali jsme se za ní. Všichni známe onu tísnivou čistotu, jež nás hned na prahu nemocnice buď smete nebo posílí. To záleží na tom, co nás očekává. Je to onen čistý pach karbolu, střízlivost schodišť, tlumený hovor, vážné tváře a kdo ví co všechno. Od prvního okamžiku, kdy jsem vkročila do nemocnice, jsem byla bolestně otevřená. Bezmocně vystavená dojmům. Zavedli nás do pokoje. Nesmějte se, ale já jsem se málem zapotácela, tak hrozně mi najednou na srdce dolehl pocit viny. Stojíš tu, zdravý, silou oplývající člověk a opovážlivě vystavuješ svůj zjev tomuto člověku, který tu leží, bezmocný, zbitý, zlomený – který nemyslí na nic jiného, než že už nikdy nebude moct žít, žít jako ostatní, chodit, ovládat a cítit své tělo, jako dřív, se stejnou chutí být? Tak moc jsem se styděla za svou nerozvážnost a necitlivost, že jsem se raději schovala za ostatní. Chválabohu, že se ženy hned daly do živého hovoru – jak se daří, co je zapotřebí udělat? A tisíc věcí, které jsem sotva slyšela. Pacientka se se mnou pozdravila jako s ostatními a jak už to bývá u lidí, kteří si jsou hodně blízcí, že spolu před posluchači, ale i před spřátelenými lidmi mluví zdrženlivě, tak jsme ani my nevyměnily slova, které by nás prozradilo. Nesměla jsem na sobě dát znát nic ze svých myšlenek, nesměla jsem na ně ani pomyslet, jinak by to kamarádka vycítila. Posadila jsem se proto stranou a snažila se odpoutat svou pozornost očima. Když vtom se mi stalo něco tak hrozného a vzdáleného mé normální vůli, myšlení a cítění, že to dokážu slovy sotva popsat.

Představte si třeba, že žijete v jablíčku, že vidíte, jak leží kulaté, červené a oplývající dostatkem ve snědé dlani nebo v míse – to je obraz, zažitý obraz – říkejte tomu, jak chcete. Vidím to jablíčko zároveň ležet i na zemi, na vlhké, černé zemi. Na jeho slupce, která se leskne jako vosk, lepí drobní plži a ošklivé hnědé skvrny rozežírají jeho povrch.

Je to takový strašný dar mít druhou tvář, je to zrovna tak strašné jako cítit v myšlenkách onu nadčasovou jasnozřivost. Od té doby si těchto okamžiků všímám. Často se mi stává, že se ve společnosti poprvé setkám s nějakým člověkem, pohlédneme si konvenčně do tváře a najednou mnou projede jistota: takto mi bude ležet v náručí, budeme se líbat a vzájemně si patřit a pak to všechno skončí — bude to pryč. Žádné vysvobození, jen snaha to pochopit.

Víte, takové to asi je — člověk to najednou ví! Ale je to trochu přehnané, protože člověk této vnitřní tváři nevěří, jen se tomu směje a myslí si: Je to jen hra myšlenek! Jsou to však okamžiky, v nichž se opona trochu poodhrne a my pohlédneme do budoucnosti — jen o tom bohudík nevíme.

Seděla jsem tedy za ostatními u nemocničního lůžka. Lůžko stálo napříč směrem do místnosti (postele to byly nezvykle vysoké, aby se zdravotní sestry nemusely namáhat zbytečným ohýbáním) a pacientka byla uložená v sedě, jako by ležela na márách na geometricky strnulých matracích. Protože mohla ležet jen na zádech, pohlížela jsem zezdola na její profil, na její zaoblené čelo, mužný nos a hebké plné rty nad jemnou bradou, obnažené paže ožehnuté vzduchem a sluncem a husté hnědé vlasy, rozprostřené kolem její důvěrně známé hlavy jakoby od větru rozcuchané. Jak často jsem ji již takto viděla! V celé její tváři však teď spočívalo něco tak dětského, její tváře byly červené jako vždy, ale oči měly neklidný, vlahý pohled, který poletoval po místnosti a nemohl najít klid. Ústa se jí nezastavila, smála se a povídala. Nad tím jakási tenká slupka, tak moc mě to všechno bolelo. Nikdo, a už vůbec ne ona sama, si nechtěl připustit, jak sklíčeni všichni jsme a jaký to žalostný důvod nás svedl dohromady. Zel pod místností jako jakási temná souteska. Nad ní všichni tvořili tenkou slupku smíchu a hovornosti a ani na okamžik neustávali v žalostné snaze zakrýt tuto propast. Vznikal tak křečovitý neklid a živost, které mě činily stále zoufalejší. Toužila jsem spočinout pohledy na jejích rukou a sjížděla jsem očima po její štíhlé paži. Od loktů níže byla její kůže bledá a ruka svítila již takřka jako slonovina. Její dlouhé prsty vypadaly chladně a kostnatě – chtěla jsem na ně sáhnout – byly vlahé a živé, cítila jsem jejich stisk. Kolikrát tyto paže držely ten nejsilnější život, kolikrát se toto tělo plné síly zachvívalo láskou a chtíčem — pomyslela jsem si. Myšlenky jsem však zaháněla, jakmile se objevily. To všechno se zase vrátí! Utěšovala jsem se a mé oči hledaly dál. Tělo leželo natažené pod dekou, bylo napnuté jako péro na sádrovém lůžku, nahánělo to strach.

Ženy se mezitím usadily na opěradlech křesla, aby pacientce viděly lépe do tváře, protože ta nemohla sklonit hlavu ani ji pootočit, a povídaly si s ní. Na druhé straně lůžka seděl její přítel, i jeho tvář měla najednou asketický výraz, jeho hluboký hlas zněl něžně a opatrně jako balzám, tekl nad námi jako vonný olej a uváděl nás v hrůzostrašné omámení. Šedá stěna bez vzoru ještě znásobovala strohost, smrtelnou vážnost místnosti a jako na zlatém podloží starého obrazu vystoupila z rámu viditelnosti rychlostí blesku symboličnost a podobenství lidského života.

Zavřela jsem před touto vizí oči: „Až je zase otevřu," pomyslela jsem si, „bude všechno jinak. Druhou stranou života je smrt a její osud nás ušetří toho, abychom takto leželi u smrtelné postele milovaného člověka. Život uhasne, jako by ho někdo setřel houbou, zůstane jen hluboký obraz, strnulost smrti."

O tom, co bylo dál, vám vyprávět nemůžu, nic z toho mi v paměti neutkvělo. Vím jen, že jsem se ještě téže noci po návratu domů postavila do ateliéru celá roztřesená a namalovala jsem obraz – „U nemocničního lůžka". Po sedmi dnech, naplněna pochybnostmi a tušením, avšak vedena vyšší moci, jsem ho dokončila.

Povídka druhá

Procházka po Krkonoších

Srpnové dny jako raný podzim: zelené stráně pokryté jinovatkou, červené jeřáby, vybledlé obilí.
Úzké je údolí mezi krkonošskými kopci, malé dřevěné domky lepí nahoře na okraji hor, jako podle pravítka se k nim nahoru pnou úzké stezky, bezové keře překypují přes laťkový plot. Stoupáme po širší turistické stezce nahoru na Sněžku – ruku v ruce, radostnou, lehkou, bezstarostnou horskou túrou! Nahoře se po nebi honí bílé mraky, pak je vystřídá hluboce zářivá modř a třpytivé slunce. Zlatavě jasná voda zurčí přes kulaté kameny vedle nás. Vzduch je chladný a jasný – někde zakřičí sojka – jak lehko a radostně nám je u srdce!

Les, zelenomodrý stín, mech a vláha. Ale čím výše stoupáme, tím více se naše okolí prosvětluje. Smrky už tu jsou jen zakrslé, pocuchané od vichřic, malé a nicotné, ještě deset kroků a zůstávají za námi. Domky, hluboko dole, zanořené jako hračky do nedozírných ploch sametově tmavých lesů. Ty se svažují po prudkých horských stráních, plazí se vzhůru po fialových sutinách až k bledým vysokohorským loukám. Po stezkách horlivě pospíchají drobné lidské postavičky jako brouci nahoru do kopce a dolů do údolí – tlachají a pokřikují. Tady nahoře se zvedají skály, mlčky se tyčí do věčného nebe, světlo a samota bouře!

Ještě před dvěma hodinami byly mé přání a tužby dočista malé! Tady nahoře se vytrácí lidské individuum – tady promlouvá svět. Není můj individuální život v proudu bytí stejně nicotný jako je tady nahoře pro horské velikány čas? Učím se skromnosti. Ó údolní lidé, zanechte přeceňování a pocitu důležitosti, nemůžete jich dosáhnout, nemáte-li v sobě jistotu! Vesele a bezstarostně, v řídkém jasném vzduchu přes úžlabinu, ó, živote božího stvoření. — Jenže kde ve městě a na venkově teď asi tak žijete? Věčně mrzký, spoutaný v otupělosti se nesvobodný člověk nedokáže nikdy pozvednout.

Zvonky, žluť arniky. Poslední kus cesty je už jen šplhání přes suť a kamení, pak už jen přejít přes Koppenplan (dnes Równia pod Śnieżką – pozn. překl.) a dlouhý hřeben pod námi. Spousta stezek se line v bílých liniích – možná se tudy sunul obří šnek a zanechal za sebou stopu.
Ach, řídký vzduchu, jak zneklidňuješ moje srdce a přivozuješ mu úzkost, že pak musím v nenadálém záchvěvu smrti myslet na loučení!

Rozloučení se vším, co jsem získala, co se stalo mým a s čím jsem se sjednotila – trpké loučení, které budu muset vytrpět.

Žádné vlastnictví není tak pevné, aby dokázalo vzdorovat času. Svitne ve mně jiskra poznání, že duši, kterou jsem získala, není možné udržet, vyklouzne mi, odnese ji proud či vítr. Krásné zářné hodiny, dny stoupají, volají po znovuzrození — nemožné. Hluboký život v nás bojuje s pustou smrtí hniloby, s pomalým udušením. — Život nelze zadržet. Avšak láska je nejhlubší život, je to porušená jistota, jasnost, je to vlastnictví. Pronikneme-li až do tohoto hlubokého bodu, pak s poznáním zároveň přichází i bolest z nutnosti zříci se! Je tupá nevědomost, polosen lepší než jasné vlastnictví a bolest?

Křik dravých ptáků prořízne vzduch — v mých smyslech zaznívá jako věčné potvrzení veškerého života! Ach — radostná jistota, oko za oko věčnému, připraveni padnout v boji – velký a silný a věčný je krutý život.

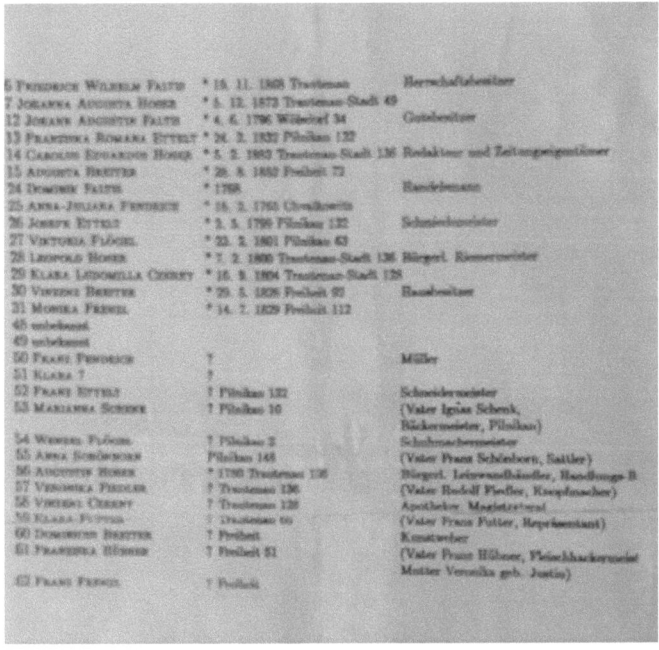

Nachkommen von Johann Faltis (1796-1874)

1.1 Carl Faltis, in 2. Ehe mit Hilde Liszt verheiratet
1.1.1. Evelyn Faltis (+ 1937)
1.1.2. Minnie Faltis oo Carlo Baron de Liser
1.1.2.1.Hono Baron de Liser
1.1.2.1.1. Pierre Baron de Liser
1.1.2.2.Gaston Baron de Liser
1.1.3. Helga Faltis oo Max Hussarek von Heinlein (1865-1935), vorletzter österreichisch-ungarischer Ministerpräsidenten
1.2 Marie Faltis (1860-1885) oo Johann Dominik, Graf zu Hardegg auf Glatz und im Machlande
1.2.1. Maximiliana Maria, Gräfin zu Hardegg auf Glatz und im Machlande (1885-1947) oo1 Heinrich Rudolf Maria Magdalena, Graf von Chorinsky (1876-1907), oo2 Johann Leonhard Friedrich (1876-1925), Graf von Harbuval (1876-1925), oo3 Otto Mayer (+1938)
1.2.1.1.Heinrich Dominik Maria Magdalena Rudolf von Chorinsky (*1906) oo1 Emmy Gruen-Katzer (*1910), oo2 Helene Fritz (*1914)
1.2.1.1.1. Lieselotte Maria Maximiliana Hildegard Anna Elvira von Chorinsky (*1939) oo Franz Koch
1.2.1.1.2. Karla Maximiliana Maria Magdalena Anna Hildegard von Chorinsky (*1941) oo Werner Kurz
1.2.1.1.3. Heinrich Dominik Maria Magdalena Rudolf von Chorinsky oo Heidi Jürgen
1.3 Franziska (Fanny) Faltis von Jamny (1866-1920) oo Maximilian, Graf von Attems-Gilleis (1859-1939)
1.3.1. Erich Hermann, Graf von Attems-Gilleis (1893-1943) oo Elisabeth Freiin Parish von Senftenberg (*1903)
1.3.1.1.Joseph von Calasanz, Graf von Attems-Gilleis (1923-1960) oo Marie-Christine, Gräfin von Thurn-Valsassina-Como-Vercelli (*1923)
1.3.1.1.1. Alexandra (*1953) oo Johannes, Erbprinz zu Schönburg-Hartenstein (*1951)
1.3.1.1.2. Christian Anton (*1954) oo Elisabeth, Prinzessin zu Windisch-Graetz (*1951)
1.3.1.1.3. Victor Dominik Raphael (*1956)
1.3.1.2.Franziska Marie Therese (*1927) oo Franz-Leopold Hentschel von Gilgenheimb (*1925)
1.3.2. Karl Anton, Graf von Attems-Gilleis (1897-1951) oo Maria Theresia, Gräfin von Attems (1899-1956)
1.3.2.1. Maximilian Karl Anton, Graf von Attems-Gilleis (1939-1945)
1.3.3. Anton Karl, Graf von Attems-Gilleis (*1899) oo Violetta Mathilde Margarithe Czjzek Edle von Smidaich (*1907)
1.3.3.1.Feodora Maria Edith Franziska, Gräfin von Attems (*1930)
1.3.3.2.Manfred Maximilian Victor, Graf von Attems-Gilleis (*1935) oo Chantal Andries (*1938)
1.3.4. Marie Therese, Gräfin von Attems-Gilleis (*1900) oo Gustav Freiherr von Suttner (*1893)
1.4 Fritz Faltis von Jamny (Adelsanerkennung am 28.3.1897) (+1921) oo Jenny
1.4.1. Jutta Stentzel
1.4.2. Gerti Hampel
1.5 Hans Faltis oo Hermine
1.5.1. Hermine Faltis
1.5.2. Johann Faltis
1.6. Richard Faltis (früh verstorben)

1.7. Anna Faltis (*1823) oo Anton Porak (1815-1892), Bürgermeister von Trautenau und Reichsratsabgeordneter
1.7.1. Alfons Porak (1851-1910)
1.7.2. Ernst Franz Xaver Porak de Varna (1849 – 1918), Großindustrieller
1.8. Martha Faltis (1873-1954) oo Richard Breit (1869-1919)
1.8.1. Otilo Breit (1895-1970) oo1 Hedwig Schmitz (1892-1973) oo2 Lieselotte Göhne
1.8.1.1. Heinrich Breit (1916-2004) oo Marianne Breu
1.8.1.1.1. Dr. Stefan Breit (*1956), Historiker
1.8.1.1.2. Anette Breu (*1960), Kinderkrankenschwester
1.8.2 Charlotte Breit oo Ernst Berger (in Genf lebend)

84

1. Kurzgeschichte

Das Krankenlager „Ich will Ihnen erzählen, wie mein Bild entstand!" sagte die Malerin.

Wir blickten noch einmal lange auf das Bild hin, das im seltsamen Zwielicht von Abendsonne und verdeckter Seitenbeleuchtung magisches Leben annahm."

Meine beste Freundin war leidenschaftliche Reiterin und eines Tages bekam ich die telefonische Nachricht, dass sie bei einem Jagdritt gestürzt sei und mit gebrochener Wirbelsäule im Krankenhaus liege. Kein Grund zur Befürchtung, sagte man mir, aber für den lebensvollen sprühenden Menschen ein harte Geduldsprobe- 12 Wochen liegen und dann vielleicht nur mit Mühe wieder gehen lernen- An Reiten dachte niemand mehr. Ich wollte zu ihr. Mein ganzes Gefühl sagte mir, du musst ihr helfen, diese verzweifelten Stunden des Grübelns, der schlaflosen Nächte, die Ausgeburten an Zukunftsbildern ausbrüten würden, zu überwinden.

Damals waren wir einige eng befreundete und sehr verbundene Menschen, Freunde mit ihren Frauen und ich, die ihr alle gleich, aber jeder in besonderer Art nahestanden. Wir mieteten ein Auto und fuhren hin. Sie alle kennen die beklemmende Sauberkeit, die schon auf der Schwelle des Krankenhauses uns niederschmettert oder stärkt. Je nachdem, was wir zu erwarten haben. Ist es der saubere Carbolgeruch, die Nüchternheit der Stiegen, das gedämpfte Sprechen, die ernsten Gesichter, ich weiß nicht was.- Vom ersten Augenblicke des Eintrittes ins Krankenhaus war ich schmerzhaft offen. Den Eindrücken hilflos preisgegeben. Man führte uns in das Zimmer. Lachen Sie nicht, ich taumelte fast zurück, so entsetzlich fiel mir plötzlich die Schuld aufs Herz. Da stehst du, gesunder, kraftstrotzender Mensch und wagst es, dein Bild höhnisch diesem Mensch vorzuhalten, der da liegt, hilflos, zerschlagen, zerbrochen- dessen steter Gedanke ist: werde ich wieder leben können, leben wie die anderen, laufen, den Körper führen und fühlen, wie früher mit der gleichen Lust am Dasein? So sehr schämte ich mich meiner Gedankenlosigkeit und Rohheit, dass ich mich hinter den anderen verkroch. Gottlob begannen die Frauen gleich ein lebhaftes Gespräch- wie es ginge, was zu tun sei? Und tausend Dinge, die ich kaum hörte.

Die Kranke und ich hatten uns begrüßt wie die anderen, und wie es ja immer ist, dass die Menschen, die sich besonders nahe stehen vor Zuhörern auch vor befreundeten Menschen, zurückhaltend zusammen reden, so hatten auch wir kein verräterisches Wort gewechselt. Ich durfte nichts merken lassen von meinen Gedanken, ich durfte sie nicht einmal denken, sonst hätte die Freundin sie ja gefühlt. So setzte ich mich abseits und versuchte mich durch die Augen abzulenken. Und nun geschah mir etwas so Entsetzliches und deutlich von meinem normalen Willen, Denken und Empfinden Verschiedenes, dass ich es kaum in Worten schildern kann.

Denken Sie sich z.B., Sie leben in einem Apfel, Sie sehen, wie rund, rot und voll strotzender Fülle er in einer braunen Hand oder einer Schüssel liegt- das ist ein Bild- ein geschautes Bild—nennen Sie es, wie Sie wollen. Ich sehe den Apfel gleichzeitig am Boden liegen auf feuchter, schwarzer Erde. Kleine Schnecken kleben an seiner wachsglänzenden Schale und braune hässliche Flecken zerfressen seine Haut.

Es mag eine schreckliche Gabe sein, das zweite Gesicht zu haben, es ist ebenso schrecklich, diese zeitlose Klarsichtigkeit in Gedanken zu fühlen. Seitdem achte ich auf solche Augenblicke. Da geschieht es mir oft, dass ich in Gesellschaft einen Menschen zum ersten Mal begegne, wir blicken uns konventionell ins Gesicht und plötzlich durchzückt mich Gewissheit; So wird er in meinen Armen liegen, wir werden uns küssen und gehören und dann wird's zu Ende gehen-- vorbei. Keine Erlösung, nur Bemühen um Einsicht.

Sehen Sie, so ähnlich ist das also--- man weiß plötzlich! Aber auch das ist zu viel gesagt, denn man glaubt diesem inneren Gesicht nicht, man lacht sich aus und denkt: Gedankenspielerei! Aber es gibt Augenblicke, in denen sich der Vorhang ein bisschen beiseiteschiebt und wir schauen ins Zukünftige--- nur gottlob wissen wir das nicht.

Ich saß also hinter den anderen neben dem Krankenbett. Das Bett stand quer ins Zimmer hinein (die Betten waren ungewöhnlich hoch, damit die Pflegeschwestern durch unnötiges Bücken nicht ermüdet werden) und die Kranke war hochgelagert, wie aufgebahrt auf den geometrisch starren Matratzen. Da sie nur am Rücken liegen konnte, sah ich von unten herauf ihr Profil, rund geschwungene Stirn, männliche Nase und weichen, vollen Mund über dem zarten Kinn, die Schultern luft- und sonnenbraun, waren bloß und die dichten braunen Haare lagen wie vom Wind zerzaust um den vertrauten Kopf. Wie oft hatte ich sie so gesehen! In dem ganzen Gesicht aber lag jetzt plötzlich etwas so Kindliches, die Bäckchen waren rot wie immer, aber die Augen hatten einen unruhigen, feuchten Blick, er flatterte im Zimmer herum und konnte keine Ruhe finden. Die Lippen liefen und lachten und plauderten. Darüber, wie eine dünne Schale, so weh tat mir das alles. Niemand, am wenigsten sie selbst, wollte eingestehen, wie gedrückt wir alle waren und welcher traurige Grund uns zusammengeführt hatte. Wie eine düstere Schlucht gähnte es unter dem Raum. Darüber, wie eine dünne Schale bauten alle Lachen, Gesprächigkeit und hielten nicht einen Augenblick in dem traurigen Bemühen inne, den Abgrund zu verdecken. So entstanden eine krampfhafte Unruhe und Lebhaftigkeit, die mich immer trostloser machte. Ich sehnte mich mit den Blicken auf ihren Händen zu ruhen und sah den schlanken Arm hinunter. Vom Ellenbogen an war die Haut blass und die Hand leuchtete schon fast elfenbeinern. Die langen Finger sahen kalt und knöchern aus,-- ich musste sie anfühlen—sie waren lau und lebendig, ich fühlte ihren Gegendruck. Wie oft haben diese Arme stärkstes Leben gehalten, wie oft hatte dieser kraftvolle Körper in Liebe und Lust gebebt--- dachte ich. Den Gedanken schon verjagend als er kam. Alles wird wieder sein! tröstete ich mich und meine Augen suchten weiter. Der Körper lag unter der Decke gestreckt, wie eine Feder gespannt auf dem Gipsbett, das sah beängstigend aus.

Indessen hatten sich die Frauen auf die Lehnen des Sessels gesetzt, um besser der Kranken Gesicht zu sehen, denn sie konnte ja den Kopf nicht beugen oder wenden, und sprachen mit ihr. Auf der anderen Seite des Bettes saß ihr Freund, auch sein Gesicht hatte plötzlich einen asketischen Ausdruck, seine dunkle Stimme klang sanft und vorsichtig wie Balsam, wie duftendes Öl floss es über uns weg, uns in geisterhafte Verzauberung werfend. Die graue ungemusterte Wand hob die Strenge, den tödlichen Ernst dieses Raumes noch doppelt hervor und wie auf dem Goldgrund eines alten Bildes trat blitzartig das Symbolische und Gleichnishafte des menschlichen Lebens aus dem Rahmen des Sichtbarens.

Ich schloss die Augen vor der Vision--- „Wenn ich die Augen wieder aufmache,“ dachte ich mir, „ist alles verwandelt. Die andere Seite des Lebens ist der Tod und sein Schicksal erspart uns das: so zu liegen am Totenlager eines geliebten Menschen. Wie mit einem Schwamm wird das Leben fortgelöscht, es bleibt das tiefe Bild, das Starre des Todes.“

Von den folgenden Vorgängen kann ich Ihnen nicht erzählen, es ist mir halt nichts in Erinnerung geblieben. Ich weiß nur, dass ich mich noch in derselben Nacht nach der Heimkehr ins Atelier, von Schauern geschüttelt zur Staffelei stellte und das Bild malte, dass Sie so packt und erstaunt--- „Das Krankenlager“. In 7 Tagen, von Zweifeln und Ahnungen erfüllt, aber geführt von höheren Mächten habe ich es vollendet.“

2. Kurzgeschichte

Ein Spaziergang im Riesengebirge

Augusttage wie früher Herbst: tau weiß die grünen Berghänge, rote Ebereschen, fahles Getreide- .Eng ist das Tal des Riesengrundes; kleine graue Holzhäuser kleben hoch an den Bergrändern, schmale Wege steigen linealgerade zu ihnen hinauf, Holunderbüsche drängen sich über den Lattenzaun. Wir gehen den breiteren Touristenweg zur Schneekoppe hinauf- Hand in Hand-fröhliches, leichtes, sorgenloses Wandern! Oben am Himmel die jagenden weißen Wolken, dann tiefstrahlendes Blau und gleißende Sonne. Ein goldklares Wasser klingt über runde Steine neben uns. Kühl, klar ist die Luft—irgendwo schreit ein Häher—wie leicht und fröhlich ist das Herz!

Wald, grünblauer Schatten, Moos und Feuchtigkeit. Aber je höher wir steigen, umso mehr lichtet es sich um uns. Jetzt sind die Fichten nur noch verkrüppelt, sturmzerzaust, klein und spärlich, noch zehn Schritte und sie bleiben zurück. Häuser,- so tief, so spielzeugklein- eingebettet in die unermessliche Fläche der samtdunklen Wälder. Die fallen an den steilen Berglehnen hinab, kriechen empor an dem violetten Geröll bis an die fahlen Hochgebirgswiesen. Auf den Wegen ziehen kleine Menschengestalten wie Käfer emsig bergauf, bergab— mit Geschwätz und Geschrei---Hier oben heben sich unberührt die Felsen, ragen schweigend in den ewigen Himmel, das Licht und die Einsamkeit des Sturmes!

Wie klein sind noch vor zwei Stunden mein Wünschen und Sehnen gewesen! Hier oben schwindet das Einzelgeschöpf—die Welt spricht. Gilt mein Einzelleben nicht ebenso wenig im Strom des Daseins, wie hier oben die Jahre und ihre Zeiten den Riesenbergen? Ich lerne Bescheidenheit. O ihr Talmenschen, lasst Überschätzung und Wichtigfühlen, ihr könnt es nicht erjagen, so ihr nicht in euch die Gewissheit habt! Fröhlich und unbeschwert, in dünner, klarer Luft über der Talenge, o Leben des Gottesgeschöpfes—Wo aber in Stadt und Land lebt ihr jetzt so? Ewig klein im Dumpfen verkettet, kann sich der Unfreie niemals erheben.

Glocken, das gelb der Arnika1 Das letzte Wegstück ist nur noch Klettern über Geröll und Steine, dann liegt der Koppenplan und der weite Kamm unter uns. Viele Wege ziehen weiße Bahnen—es könnte eine Riesenschnecke spurenziehend hinüber und herübergekrochen sein.

Ach dünne Luft, wie machst du mein Herz unruhevoll und ängstlich, dass ich wiederum mit jähem Erschauern des Todes und Abschied denken muss! Abschied von allem, was ich gewann, das mein wurde und dem ich mich vereinte—bitterer Abschied, den ich lebenslang erdulden muss.

Kein Besitz ist so fest, dass er der Zeit trotzt. Aufdämmert mir die Erkenntnis der Unmöglichkeit, die gewonnene Seele halten zu können, sie entgleitet, ein Strom, ein Wind entreißt sie. Schöne leuchtende Stunden, Tage steigen auf, rufen um Wiedergeburt--- unmöglich. Tiefes Leben in uns ringt mit dem öden Tode der Fäulnis, des langsamen Erstickens.---Leben i s t nicht zu halten. Liebe aber ist tiefstes Leben, ist aufgebrochene Gewissheit, Klarheit, ist Besitz. Dringen wir bis zu diesem tiefen Punkte vor, so wird uns sogleich mit der Erkenntnis auch der Schmerz des Verzichten müssens!

Ist dumpfes Nichtwissen, Halbtraum besser als klarer Besitz und Schmerz?

Raubvogelgeschrei durchschneidet die Luft—in meinen Sinnen herein tönend als ewige Bejahung alles Lebens! Ah—fröhliche Gewissheit, Auge um Auge dem Ewigen, bereit im Kampfe zu fallen----Groß und stark und ewig ist das grausame Leben.

Životopis Gertie Hampel-Faltis aneb Šťastný život
na zámku v Teplicích nad Metují?

Moje babička, Gertie Faltis, se narodila 5. října 1897 do jedné z nejbohatších rodin severovýchodních Čech. Na svět přišla v líbezném barokním zámečku v Teplicích nad Metují (tehdy Wekelsdorf), který v roce 1891 zakoupil její otec Friedrich Faltis za peníze svého otce Johanna Faltise.

Gertin dědeček, Johann Faltis, narozený 4. června 1796 ve Dvoře Králové nad Labem, pocházel z nižší střední třídy, odkud se díky svému vytříbenému podnikatelskému umu (a také díky kapitalistickému vykořisťování svých továrních dělníků) vyšvihl a prudce společensky stoupal. Byla to doba průmyslové revoluce, doba objevů a vynálezů, doba, kdy po celé Evropě vznikaly velké továrny, kdy ruční práci nahradily stroje. Doba, kdy zemědělští dělníci z nouze a v důsledku zrušení nevolnictví hromadně opouštěli ornou půdu a vydávali se za štěstím – a především za živobytím – do měst, do továren. Doba, kdy se vzestupující měšťanská smetánka chopila historicky jedinečné příležitosti vyrovnat se šlechtě, vstoupila do jejích šlépějí a začala skupovat zámky.

Johann Faltis se inspiroval Anglií, kde mechanické tkalcovské stavy mnohem lépe a rychleji vyráběly plátno, než jak to na domácích stavech zmohli chudí krkonošští tkalci ve svých nuzných chalupách. I tehdejší Teplice nad Metují byla typická tkalcovská vesnice. Johann Faltis tedy investoval peníze do těchto mechanických tkalcovských stavů, vybavil jimi svou první vlastní továrnu a nesmírně tím zbohatl. Na konci života sice oslepl, ale zato měl se třemi manželkami jedenáct manželských dětí, vlastnil jedenáct zámků a mnoho továren. V pokročilém věku (bylo mu přes 70 let) se mu narodil ještě jeden syn, Friedrich Wilhelm Faltis (zvaný Fritz), otec mé babičky Gertie Faltis.

Moje babička vyrostla v Teplicích nad Metují, uprostřed nádherné přírody Teplických skal, spolu se dvěma sourozenci. Gertie z nich byla nejmladší. Dětství strávila na zámku, kde měli služebnictvo (kuchařku, zahradníka, pokojskou), tenisový kurt, v každém pokoji zvonek, soukromé učitele a o prázdninách jezdili k moři do nizozemského Scheveningenu. Dalo by se říct, že hezčí život si člověk ani nedokáže představit. Jenže ani zámkům se trpký osud nevyhýbá. Na zámku v Teplicích nad Metují zaklepal na dveře hned několikrát.

Gertie zažila několikerou změnu státního zřízení své domoviny – kdysi bylo Teplicko součástí Království českého, pak RakouskaUherska, poté Československa, pak přišla neblahá anexe k Německé Říši a Teplice (tehdy ještě Wekelsdorf) se staly součástí Říšské župy Sudety. Mohlo v takovém prostředí dojít k utvoření národní identity? Asi jen stěží. Možná právě odtud pramení téma místního kraje jako stěžejního bodu identity, který se objevuje v Gertiných básních.

Teplicemi se přehnaly dvě světové války a zanechaly tu stopy. První světová válka si vyžádala narukování Gertina staršího bratra Fritze, který se dostal do Ruska. Byla válka, narukovat byla jeho povinnost. Rakousko bojovalo s Ruskem, protože v Sarajevu zastřelili následníka rakousko-uherského trůnu. Co s tím měly společného Teplice, co s tím měl do činění Gertin bratr? Bratr Fritz musel jít, neměl na výběr. Celá rodina věděla, jak velké je riziko, že v Rusku padne. Jak asi vypadal jejich poslední společný večer? Můžeme si to jen domýšlet! Bolest, slzy, naděje a další bolest! 11. srpna 1917, rok před koncem války, pak přišla ona strašlivá zpráva, že Fritz padl, že už se nikdy neshledají. Neměli možnost ho ani pohřbít. Gertin bratr ležel mrtev někde u Stochodu v ruské hlíně. Zámek zachvátil smutek, dvacetiletá Gertie viděla své zoufalé, plačící rodiče celé bez sebe. Otec upadl do hluboké deprese, ze které se už nikdy nevzpamatoval. Jeho jediný, milovaný syn, jeho dědic byl mrtev! Gertie trpěla se svými rodiči a truchlila pro svého bratra.

O rok později byla válka prohraná. Vznikla první Československá republika. Celá ta válka tedy byla marná, smrt bratra zhola zbytečná. Čeští Němci teď museli odvádět daně českému státu, polovina zámeckého parku byla postoupena a zaplaceny reparace. Gertie se teď jako mladá žena musí vyrovnat s tím, že je mnoho věcí jinak. Úředním jazykem je teď čeština, české je i značení ulic a obchodů. Gertie mluví česky skvěle, na dvojjazyčnost se tady v pohraničí vždycky dbalo.

Ale život jde dál. Konají se různé slavnosti, na zámku se pořádají plesy a mladí muži z okolních vesnic jsou zváni k tanci. Když se mladá Gertie do jednoho z chlapců zamiluje, otec na to jen řekne:

„Nepotřebujeme žádné správce." Dcery se mají provdat, jak se na jejich rodinu sluší a patří. Ostatní příbuzní jim jdou příkladem: Minnie Faltis se provdala za barona de Lisera, Helga Faltis za posledního rakousko-uherského předsedu vlády Maxe Hussarka von Heinlein, Marie Faltis za Johanna Dominika, hraběte kladského a v Machlandu, Franziska Faltis z Jamného (šlechtický titul „von Jamny" rod zakoupil v roce 1897 a později ho musel kvůli právním nesrovnalostem vrátit) za hraběte z Attems-Gilleis.

Otec se nakonec podvolí – Gertina sestra Jutta se bláznivě zamiluje do učitele, syna zdoňovského hostinského, a vyprosí si svolení k sňatku! Zámek se vyzdobí, v parku se rozvěsí girlandy a lampiony. Gertie píše pro svou sestru a pro novomanžele básně a nesvázanou sbírku básní balí do růžového papíru. Dne 20. února 1920 se rozeznějí zvony ve farním kostele sv. Vavřince v Teplicích nad Metují. Na zámku se hoduje, pije, tančí, panuje bujaré veselí.

O rok později přichází další rána osudu. Otec Fritz trpí těžkými depresemi, jeho život postrádá smysl, truchlí nad ztrátou syna, nemá komu předat dědictví. Dcery se tehdy nepočítaly. Stihne ho pásový opar v oblasti obličeje provázený silnými bolestmi, který mu nakonec přivodí smrt. Umírá 6. března 1921 na teplickém zámku.

Gertie odteď žije na zámku sama s matkou a babičkou. Gertina sestra po svatbě dostala od otce věnem panství v dolnoslezském Röwersdorfu (Třemešná ve Slezsku, dnes polská Trzemeszna – pozn. překl.). Gertie získala teplický dolní zámek s přidruženým panstvím, poplužní dvůr, lihovar, třináct domů a část Teplických skal. Měla od Skal vlastní klíč a mohla si tam spolu s maminkou kdykoli zajít na procházku, užívat si přírodu, sžívat se s bájnými skalami. S týmiž skalami, v nichž bude její dcera později vyděšeně hledat útočiště před znásilňujícími Rusy a českými partyzány. Zde čerpala nápady a inspiraci pro své básně. Byla však připravena spravovat tak velké dědictví?

Čekaly na ni nové výzvy: její matka se zamiluje do vydavatele novin Wiehana a 7. listopadu 1921, tedy pouhých šest měsíců po smrti prvního manžela, se za něj provdá a stěhuje se do Polabí. Gertie nyní žije jen se svou babičkou a svou milovanou chůvou „Euli", která na zámku vede domácnost. Gertie pilně pracuje, provozuje chovnou stanici jezevčíků, vyhledává kontakty s umělci, v Praze se schází se svou ruskou kamarádkou Ernou Bobulovou, plave ve Vltavě, v broumovském jezeře a v nově vzniklém koupališti v Teplicích, jezdí lyžovat do Krkonoš, v létě jezdí kabrioletem a zamiluje se do podstatně mladšího daňového poradce Kurta Hampela z Trutnova. Opět píše básně, milostné básně! Dne 20. září 1927 se koná svatba z lásky! Na zámku se opět pořádá svatební hostina, svatba je v kostele. Gertie je v té době 29 let a je nadevše šťastná. Ovšem sobě rovného manžela si nenašla. Její vyvolený je synem krejčovského mistra a do velkého zámku se stěhuje

z dvoupokojového bytu svých rodičů. V Teplicích se o tom povídá na každém rohu.

Gertie se sice záhy stává matkou, ale není v manželství šťastná. Své jediné dítě porodila 7. ledna 1929. Na Krkonošsku tehdy bylo tolik sněhu, že se z trutnovské porodnice nemohli vozem ani saněmi dostat zpátky do Teplic a museli se tam několik dní zdržet. Mladá matka s dcerkou k sobě mají velmi blízko, ale silná je i Gertina chuť žít. Naštěstí se na zámku vždycky najde někdo, kdo se malé Renaty Jutty Gusty ujme: Gertina chůva „Euli" („Fräulein" Rudolfs) nebo babička „Gromi" (Augusta Hoser). Gertie hodně cestuje, i sama, do Řecka a k Baltskému moři, ke své sestře do Třemešné (Röwersdorfu). Píše básně, o matce a dítěti, o nešťastné lásce. Konečně se jí dostane uznání, když jeden její známý zašle básně bez jejího vědomí do nakladatelství Adalberta Stiftera, které v roce 1931 jednu její básnickou sbírku vydá.

Jako manželka musí Gertie snášet, že si její manžel po krátkém období vzájemného štěstí vyvolil život bonvivána. Všechno se u něj točí kolem automobilových závodů, v Praze a na Nürburgringu v německém Porýní. Šestnáctileté dívky ho zajímají víc než jeho postarší, básně píšící manželka. Odstěhuje se a svou ženu a šestiletou dcerku opustí. Na teplický zámek se vrací pouze na návštěvy. Žije raději s mladičkou milenkou v Praze. Celé Teplice to přetřásají.

21. září 1938 se opět píše historie: Gertina vlast – Sudety – je pod politickým tlakem Adolfa Hitlera, s vyloučením české vlády a za souhlasné účasti Anglie, Francie a Itálie slavnou Mnichovskou dohodou anektována k Německé říši. Prý to má zabránit válce, Hitler pohrozil použitím zbraní. Vpochoduje sem wehrmacht. Další nová

nařízení, nové předpisy, další třídění podle národnostní příslušnosti, znovu odklon od bohulibé myšlenky mnohonárodnostního státu První republiky. A Gertie? Píše v této době ještě milostné básně? Žádná z nich není datována z tohoto období. Bojí se? Probouzejí se v ní nepříjemné vzpomínky z první světové války? Tanky se dávají do pohybu, společnost svírá pevná ruka, Gertina dcera musí do Svazu německých dívek, pořádají se sportovní slavnosti. Volné umělecké myšlenky jsou zakázané. Říšská kulturní komora v Berlíně zavádí cenzuru. Gertina židovská kamarádka ze Zdoňova je v nebezpečí. Naštěstí se jí podaří zavčas prchnout do Ameriky.

Dne 15. března 1939 je definitivně obsazen i zbytek českých zemí a zavedením pojmu „Protektorát Čechy a Morava" je Československo nezákonně vymazáno z mapy Evropy. Gertie teď už nemůže bez povolenky navštívit ani svoji kamarádku v Praze.

V roce 1939 pak začala druhá světová válka, doba hrůzy. I v Sudetech, i v Teplicích nad Metují. Muži odcházejí k odvodu, lidé mizí. Na zámku se sesedávají kolem rádia a poslouchají zprávy – televize tenkrát ještě nebyla. Německé tanky se valí zemí, německá armáda přejíždí přes Karlův most, Hitler obsazuje srdce českých zemí – Pražský hrad. Teplickem se valí transporty s vojáky a vězni. Probíhají boje, Němci proti Čechům a jako odveta i naopak. Vypalují se vesnice, jejich obyvatelé se střílí či vraždí v koncentračních táborech. Gertie je nasazena jako zdravotní sestra Červeného kříže, aby se starala o zraněné vojáky z východu na nádražích a v polních lazaretech. Proslýchá se, že válka je prohraná. V zimě roku 1943 tráví Gertie v Peci pod Sněžkou (tehdy Petzer) v jedné malé horské boudě svou poslední válečnou dovolenou. V zimním ústraní je útulno, přes den se lyžuje, večer se sedí ve společnosti a poslouchá akordeon. Dcera žije šťastně spolu s maminkou. Jenže tahle dovolená má nešťastný závěr. Gertie si při pádu na lyžích přivodí zranění zad, které se nechce zhojit. Odjede do Prahy do nemocnice, kde jí předepíšou terapii rentgenovými paprsky. V naději na uzdravení se nechává ozařovat paprsky, které byly objeveny teprve v roce 1905 a jejichž rizika zatím nejsou prozkoumaná – pokud kůže zčervená, je to dobré, říká se. Jenže bohužel to není pravda. Jelikož má Gertie snědou, a tím necitlivou pleť, dostane příliš vysokou dávku záření, která u ní vyvolá rakovinu dělohy. Tato diagnóza byla tehdy rozsudkem smrti. Na zámku panuje hluboký zármutek. S Gertie tam nadále žije její babička, maminka tam už chodí jen na návštěvy a kvůli své zlé a hašteřivé nátuře bydlí v nedalekém Hedwigsheimu (teplický pečovatelský dům – pozn. překl.), protože je považována za zlou a hádavou. Gertie dává do pořádku svůj život a to, co přijde po něm, svého švagra jmenuje opatrovníkem své 15leté dcery, sepisuje závěť, přestává jíst, stále více hubne, dostává strašlivé bolesti, na které v roce 1944 není žádný lék, a její křik se rozléhá zámkem. Ze zoufalství hledají radu zvířecího léčitele z Trutnova, marně.

Dne 4. října 1944 umírá Gertina milovaná babička „Gromi". Gertie je svědkem toho, jak se „Gromi" při jídle zalkne rybí kostí a s velkým utrpením se udusí. Pomoci jí nedokáže ani obecní sestra, kterou rychle zavolali. Gertie se nechá od služebnictva přenést na židli do zámecké kaple, kam „Gromi" položili, aby se s ní mohla rozloučit. Ví, že ona je další, kdo tam bude ležet! Odpoledne 22. října 1944 umírá o samotě ve věžním pokoji i ona, je vysvobozena ze svého utrpení. Její dcera Renate je v té době na narozeninové oslavě, kam ji poslali s tím, že má dál žít normálním životem, byť měla neblahou předtuchu a chtěla zůstat doma. Celou noc pak u maminky spolu se svou chůvou prosedí. Maminčinu „pozemskou schránku", jak kdysi Gertie v jedné své básni nazvala lidské tělo, odvezou spolu s Gertinou babičkou „Gromi" v pompézním pohřebním průvodu černě vyzdobeným smutečním kočárem ze zámku na teplický hřbitov. Teplice tak strojí dvojí pohřeb. Gertina maminka a dcera smutně kráčejí za rakví. Ruku v ruce.

Život na zámku tak skončil tragicky. Kdo by si byl pomyslel, že bohatá zámecká paní zemře v útrapách za nešťastné války a bude přitom křičet bolest.

Versuch einer Biographie

Ein Leben im Kaiserreich Österreich-Ungarn, der ersten Tschechoslowakischen Republik, dem Sudetengau, bzw. in Weckelsdorf.

Meine Großmutter kam in einer der reichsten Familien im Riesengebirge am 5. Oktober 1897 in einem kleinen verträumten Barockschloss in Weckelsdorf auf die Welt, welches ihr Vater 1891 mit dem Geld wiederum seines Vaters Johann Faltis erwarb.

Gerties Großvater, Johann Faltis, geb. am 4. Juni 1796 im Königreich Böhmen in Nieder Wölsdorf bei Königinnenhof, stieg aus kleinbürgerlichen Verhältnissen durch einen ausgesprochenen Unternehmergeist und, das muss man ehrlicherweise sagen, durch kapitalistische Ausbeutung seiner Fabrikarbeiter rasant gesellschaftlich auf. Es war die Zeit der industriellen Revolution, die Zeit der Entdeckungen und Erfindungen. Die Zeit, in der überall in Europa große Fabriken entstanden, die Zeit, in der manuelle Arbeit durch Maschinen ersetzt wurden. Die Zeit, in der massenhaft Landarbeiter aus Not heraus und aufgrund der Abschaffung der Leibeigenschaft ihre Schollen verließen und in den Städten, Fabriken ihr Glück, vor allem ihr tägliches Brot suchten. Die Zeit, in dem die aufsteigende bürgerliche Gesellschaft die historisch einmalige Chance ergriff, es dem Adel gleich zu tun, sich nach ihm streckte und Schlösser kaufte.

Johann Faltis schaute nach England, wo mechanische Webstühle viel besser und schneller Leinen herstellen konnten, als dies die armen Weber im Riesengebirge in ihren armseligen Hütten am hauseigenen Webstuhl konnten. Auch Weckelsdorf war ein typisches Leinendorf. Also investierte Johann Faltis sein Geld in diese mechanischen Webstühle, stattete damit seine erste eigene Fabrik aus und wurde unermesslich reich. Besaß er am Ende seines Lebens zwar nicht mehr sein Augenlicht, dafür aber elf eheliche Kinder, drei verschiedene Ehefrauen, elf Schlösser und viele Fabriken. Spät, bzw. im hohen Alter von über 70 Jahren bekam er noch einen Sohn, den Vater von Gertie Faltis.

Geboren in einem kleinen Dorf, in traumhaft schöner Natur am Rande des Riesengebirges in der Felsenstadt Weckelsdorf, aufgewachsen mit zwei Geschwistern, Gertie war die jüngste Tochter, im Schloss mit vielen Bediensteten lebend, Köchin, Gärtner, Zimmermädchen,

Tennisplatz, Klingel in jedem Zimmer, Privatlehrer, Urlaubsreisen ans Meer nach Scheveningen, könnte man meinen, schöner geht es nicht. Aber auch an einem Schloss geht das Schicksal nicht vorbei. Im Schloss Weckelsdorf klopfte es sogar mehrfach an die Tür.

Die kleine Gertie musste erleben, dass die nationale Zuordnung ihrer Heimat mehrfach wechselte, vom Königreich Böhmen, über Österreich-Ungarn, über die Tschechoslowakei, dann der unselige „Anschluss ans Reich" und das „Protektorat Böhmen". Wie ist da die Herausbildung einer nationalen Identität möglich? Wohl nur schwer. Vielleicht deshalb auch die Auseinandersetzung mit der lokalen Region in den Gedichten als Identitätsangelpunkt.

Zwei Weltkriege fegen durch das Dorf Wekelsdorf und hinterlassen Spuren. Der erste Weltkrieg erfordert die Teilnahme ihres großen Bruders, u.a. in Russland. Es ist Krieg, es herrscht Wehrpflicht. Österreich kämpft gegen Russland, weil in Sarajewo das österreichungarische Thronfolgerpaar erschossen wurde. Was hat Weckelsdorf, ihr großer Bruder damit zu tun? Der große Bruder Friedrich, Fritz muss gehen, er hat keine Wahl. Die ganze Familie weiß, wie groß das Risiko ist, in Russland zu fallen. Wie wird der letzte Abend ausgesehen haben? Wir können es uns nur denken! Schmerzen, Tränen, Hoffnungen und wieder Schmerz! Dann, am 11.08.1917, die furchtbare Nachricht ein Jahr vor Kriegsende: Fritz ist gefallen. Es gibt kein Wiedersehen, es gibt nicht einmal eine Beerdigung. Der tote Bruder liegt irgendwo am Stochod verscharrt in der russischen Erde. Trauer im Schloss, die verzweifelten Eltern erlebt die zwanzigjährige Gertie weinend, jammernd, völlig aufgelöst, der Vater verfällt in eine starke Depression, aus der er sich nicht mehr erholt. Ist sein einziger geliebter Sohn, sein Stammhalter tot! Gertie leidet mit ihren Eltern und trauert um ihren Bruder.

Ein Jahr später ist der Krieg verloren. Die erste tschechische Republik wird gegründet. Das heißt, der Krieg war umsonst, der Tot des Bruders war umsonst. Die deutschen Böhmen müssen an den tschechischen Staat Abgaben leisten, der halbe Schlosspark wird abgetreten, Reparationszahlungen geleistet. Die junge Frau Gertie muss sich damit auseinandersetzen, dass vieles nun anders ist. Tschechisch ist nun Amtssprache, tschechisch ist nun die Beschilderung der Straßen und Geschäfte. Sie spricht es perfekt, man hat immer in diesem Grenzgebiet auf Zweisprachigkeit geachtet.

Doch das Leben geht weiter. Feste werden gefeiert, Bälle im Schloss gegeben, aus den umliegenden Dörfern junge Männer als

Tanzpartner eingeladen. Verliebt sich die junge Gertie in einen der Burschen heißt es seitens des Vaters „Wir brauchen keine Verwalter". Standesgemäß sollten die Töchter verheiratet werden. Machten es die anderen Verwandten doch vor; Minnie Faltis heiratete den Baron de Liser, Helga Faltis den letzten österreichisch- ungarischen Ministerpräsidenten Max Hussarek von Heinlein, Marie Faltis den Grafen Johann Dominik Graf zu Glatz und im Machlande, Franziska Faltis von Jamny, der Adelstitel wurde am 28.03.1897gekauft und musste später wegen juristischer Unregelmäßigkeiten wieder abgegeben werden, den Grafen von Attems- Gilleis.

Der Vater knickt ein, Gerties Schwester Jutta hat sich unsterblich in den Lehrer und Wirtssohn aus dem Gasthaus Merkelsdorf, Zdonov verliebt. Es darf geheiratet werden! Der Kaiserschmarrn der Mutter sei so gut........keine Bedenken! Das Schloss wird geschmückt, Girlanden und Lampions im Park aufgehängt, gegessen, getrunken, getanzt und gelacht. Am 20.02.1920 läuten die Glocken in der St. Laurentius Pfarrkirche in Wekelsdorf, Teplice nad Metuji. Gertie schreibt Gedichte für ihre Schwester, das junge Brautpaar und bindet diese lose Gedichtsammlung in rosenbedrucktes Papier.

Am 6.März 1921 der nächste Schicksalsschlag. Vater Fritz leidet unter schweren Depressionen, findet sein Leben sinnlos, trauert um seinen Sohn, kann sein Erbe nicht weitergeben. Töchter zählen zu dem Zeitpunkt nicht. Eine heftige Gesichtsrose einhergehend mit starken Schmerzen führt letztendlich zum Tod. Er stirbt im Schloss.

Gertie lebt nun mit ihrer Mutter und Großmutter alleine im Schloss, die Schwester bekam nach der Hochzeit als Erbe vom Vater ein Rittergut in Röwersdorf, Niederschlesien. Gertie bekam das Schloss mit dem dazugehörigen Gut, Meierhof, Brennerei, 13 Häusern sowie einem Teil der Weckelsdorfer Felsen. Sie hatte einen eigenen Schlüssel und konnte jederzeit mit ihrer Mutter in den Felsen spazieren gehen, die Natur genießen, sich mit der Natur, den sagenhaften Felsen auseinandersetzen. Die gleichen Felsen, in denen später ihre Tochter angstvoll Zuflucht vor den vergewaltigenden Russen und tschechischen Partisanen suchen sollte. Hier bekam sie Anregungen und Inspirationen für ihre Gedichte. Aber war sie auf die Leitung eines so großen Erbes vorbereitet?

Neue Herausforderungen stehen an, die Mutter verliebt sich in den Zeitungsverleger Wiehan, heiratet ihn am 7. November 1921, also nur ein halbes Jahr nach dem Tode des ersten Mannes und zieht an die Elbe. Gertie wohnt nun mit ihrer Oma, ihrer geliebten Euli, dem Kindermädchen, das bleiben durfte und nun den Haushalt alleine im Schloss führt. Sie arbeitet viel, betreibt eine Dackelzucht, sucht

Kontakte zu Künstlern, trifft sich mit einer russischen Freundin Erna Bobulowa in Prag, schwimmt in der Moldau, im Braunauer See und im neu entstandenen Schwimmbad in Wekelsdorf, fährt Ski im Riesengebirge und ein Cabrio im Sommer und verliebt sich in den viel jüngeren Steuerberater, Kurt Hampel aus Trautenau. Wieder schreibt sie Gedichte, Liebesgedichte! Eine Liebesheirat am 20.09. 1927! Wieder gibt es eine Feier im Schloss, eine Trauung in der Kirche. Gertie ist nun 29 Jahre alt und überglücklich. Aber, standesgemäß ist die Heirat nicht. Der Sohn vom Schneidermeister Hampel zieht aus seiner elterlichen Zweizimmerwohnung in das große Schloss ein. Gerede im Dorf.

Gertie wird als Ehefrau nicht glücklich, sie wird zwar schnell Mutter und entbindet am 07.01.1929, als der Schnee so hoch im Riesengebirge lag, dass man nicht mit dem Wagen oder Schlitten von Trautenau nach Wekelsdorf kam, ihr einziges Kind. Die Innigkeit zwischen den beiden ist groß, jedoch die Lust am Leben auch. Zum Glück finden sich im Schloss immer Menschen, die sich gerne der kleinen Renate Jutta Gusta annehmen, die Euli, eigentlich Fräulein Rudolfs, die Gromi (Augusta Hoser), Gertie verreist viel, auch allein, fährt nach Griechenland und an die Ostsee, zu ihrer Schwester. Sie schreibt Gedichte, über Mutter und Kind, über unglückliche Liebe. Sie erfährt endlich Anerkennung, denn ein Bekannter schickt hinter ihrem Rücken die Gedichte an den Adalbert-Stifter Verlag, der 1931 einen Gedichtband herausgibt.
Die Ehefrau Gertie muss ertragen, dass ihr Mann nach kurzer Zeit des gemeinsamen Glücks das Leben eines Lebemanns wählt. Autorennen stehen im Vordergrund, in Prag, am Nürburgring. Sechzehnjährige Mädchen interessieren ihn mehr als seine dichtende, ältere Frau. Er zieht aus, lässt seine Frau und sechsjährige Tochter zurück. Kommt nur noch zu Besuch. Er wohnt lieber bei seiner jugendlichen Geliebten in Prag. Das ganze Dorf redet.

Am 21.09.1938 wird wieder Geschichte geschrieben, Gerties Heimat, das Sudetenland, wird unter dem politischen Druck Adolf Hitlers und unter Ausschluss der tschechischen Regierung und zustimmenden Beteiligung von England, Frankreich, Italien an das Deutsche Reich durch das berühmte Münchener Abkommen abgetreten. Man wolle Krieg verhindern, Hitler hatte mit Waffeneinsatz gedroht. Die Wehrmacht rückt ein. Wieder neue Verordnungen, wieder neue Bestimmungen, wieder die Zuordnung nach nationaler Zugehörigkeit, weg vom guten Gedanken des Vielvölkerstaates der Ersten Tschechoslowakei. Und Gertie? Schreibt sie in dieser Zeit noch Liebesgedichte? Keines ist aus dieser Zeit datiert. Hat sie Angst, werden unangenehme Erinnerungen aus dem Ersten Weltkrieg ausgelöst? Panzer rollen, die Gesellschaft wird straff organisiert, ihre Tochter muss zum Bund Deutscher Mädel, Sportfeste werden gefeiert. Die freien künstlerischen Gedanken sind verboten. Es zensiert die Reichkulturkammer in Berlin. Ihre jüdische Freundin aus Merkelsdorf ist in Gefahr. Zum Glück kann sie sich noch rechtzeitig nach Amerika retten.

Am 15.03. 1939 wird auch die „Resttschechei" endgültig besetzt, bzw. überroll und mit der Einführung des Begriffs „Protektorat Böhmen Mähren", die Tschechoslowakei von der Landkarte unrechtmäßig gestrichen. Gertie kann nun ohne Passierschein nicht mehr ihre Freundin in Prag besuchen.

Dann, 1939, beginnt der Zweite Weltkrieg, die Zeit des Grauens. Auch im Sudetenland, auch in Wekelsdorf. Männer werden eingezogen, Menschen verschwinden. Man hört Nachrichten um das Radio herumsitzend im Schloss, Fernseher gibt es noch nicht. Deutsche Panzer rollen durch das Land, deutsches Militär fährt über die Karlsbrücke, Hitler besetzt das Herz Tschechiens, die Prager Burg. Transporte mit Soldaten, Gefangenen rollen durch das Riesengebirge. Kämpfe finden statt, Deutsche gegen Tschechen und als Vergeltung, umgekehrt. Dörfer werden ausgebrannt, die Bewohner erschossen oder in Konzentrationslagern ermordet. Gertie wird als Rot-Kreuz-Schwester zur Versorgung verletzter Soldaten aus dem Osten an Bahnhöfen und Hilfslazaretten eingesetzt. Man munkelt, dass der Krieg verloren sei.

Im Winter 1943 findet ein letzter Kriegsurlaub in Petzer in einer kleinen Baude statt. Gemütlich ist es in der winterlichen Abgeschiedenheit, tagsüber fährt man Ski, abends sitzt man bei Akkordeonmusik in der Hütte. Die Tochter ist glücklich mit der Mutti zusammen. Doch der Urlaub verläuft diesmal anders, unglücklich. Die Skifahrerin Gertie stürzt, zieht sich eine Wunde am Rücken zu, die nicht verheilen will. Sie fährt nach Prag ins Krankenhaus und bekommt eine Therapie mit Röntgenstrahlen verordnet. Voller Hoffnung lässt sie sich bestrahlen, mit den erst 1905 neu entdeckten und auch unerforschten Risiken der Röntgenstrahlen. Solange, bis sich die Haut rötet, dass sei gut, sagt man. Doch leider stimmt dies nicht. Da Gertie einen dunklen Teint hat und dadurch eine unempfindliche Haut, bekommt sie eine Überdosis an Strahlen, die einen Gebärmutterkrebs auslöst. Ein Todesurteil in der damaligen Zeit. Tiefe Betroffenheit im Schloss. Dort leben nun immer noch die Großmutter, neuerdings wieder die eigene Mutter, allerdings nur besuchsweise, sie muss im Hedwigsheim wohnen, da sie als böse und zänkisch gilt. Gertie ordnet nun ihr Leben und die Zeit danach, bestellt ihren Schwager zum Vormund für ihre 15jährige Tochter, schreibt ihr Testament, hört auf zu essen, wird immer magerer, bekommt furchtbare Tumorschmerzen, für die es keine Medikamente 1944 gibt und schreit durch das ganze Schloss. In dieser Verzweiflung sucht man den Rat eines Tierheilers aus Trautenau, ohne Erfolg.

Die geliebte Gromi stirbt am 4. Oktober 1944. Gertie erlebt, wie sich die Gromi mittags beim Essen an einer Fischgräte verschluckt und qualvoll erstickt. Auch die schnell herbeigerufene Gemeindeschwester kann nicht helfen. Gertie lässt sich auf einem Stuhl von den Bediensteten in die Kapelle tragen, wo die Gromi aufgebahrt wird, um Abschied zu nehmen. Sie weiß, dass sie die Nächste ist, auch dort aufgebahrt wird! Nachmittags am 22.Oktober 1944 stirbt auch sie, wird erlöst von ihrem Leiden, allein im Turmzimmer. Denn ihre Tochter Renate schickte man zu diesem Zeitpunkt zu einer Geburtstagsfeier, damit sie ein normales Leben habe, obwohl diese eine dunkle Vorahnung beschleicht und eigendlich nicht wollte. Die ganze Nacht wird die tote Mutter von ihrer Tochter und ihrem Kindermädchen bewacht. Die irdische Hülle, wie einst Gertie den menschlichen Körper in einem Gedicht beschrieb, wird in einem pompösen Trauerzug mit schwarz geschmückter Trauerkutsche vom Schloss zum Weckelsdorfer Friedhof gebracht, gemeinsam mit dem ihrer Oma. Wekelsdorf begeht eine Doppelbeerdigung. Gerties Mutter und Tochter gehen traurig hinter dem Sarg her. Hand in Hand.

So endete Gerties Leben im Schloss auf eine tragische Art und Weise. Wer hätte gedacht, dass die reiche Schlosserbin einst qualvoll in einem unglückseligen Krieg vor Schmerzen schreiend sterben sollte?

Für die überaus herzl. Anteilnahme zum Tode unserer unvergeßl. Gattin, Mutter, Tochter, Schwester, Schwägerin, Schwiegertochter und Tante, Frau Gertie **Hampel-Faltis,** dankt von Herzen im Namen aller Anverwandten
Kurt Hampel,
Schloß Wekelsdorf,
im November 1944.